会计学原理模拟实习

(第四版)

姚津 吴涛 李氟 编著

图书在版编目(CIP)数据

会计学原理模拟实习 / 姚津,吴涛,李氟编著. ——4版. ——上海:立信会计出版社,2018.6(2025.8重印)
ISBN 978-7-5429-5912-6

Ⅰ.①会… Ⅱ.①姚… ②吴… ③李… Ⅲ.①会计学—教材 Ⅳ.①F230

中国版本图书馆CIP数据核字(2018)第181444号

策划编辑　陈　旻
责任编辑　陈　旻

会计学原理模拟实习(第四版)

KUAIJIXUE YUANLI MONI SHIXI

出版发行	立信会计出版社			
地　址	上海市中山西路2230号	邮政编码	200235	
电　话	(021)64411389	传　真	(021)64411325	
网　址	www.lixinaph.com	电子邮箱	lixinaph2019@126.com	
网上书店	http://lixin.jd.com		http://lxkjcbs.tmall.com	
经　销	各地新华书店			
印　刷	常熟市华顺印刷有限公司			
开　本	787毫米×1 092毫米	1/16		
印　张	7.75	插　页	12	
字　数	180千字			
版　次	2018年6月第4版			
印　次	2025年8月第10次			
书　号	ISBN 978-7-5429-5912-6/F			
定　价	38.00元			

如有印订差错,请与本社联系调换

第四版前言

本书出版以来,已在各大院校财经类专业的会计基础教学中被广泛使用,反响良好。为了适应会计和税收法规的新变化,我们仍在不断地对本教材进行修订完善。

第三版出版后,会计规范建设与税收制度改革都在不断健全与完善中。一方面,多项新的企业会计准则出台,部分已颁布的企业会计准则得到修订,对财务报告的列报更趋全面、合理;另一方面,从2017年简化增值税税率档次到2018年继续降税降费等一系列税收政策的调整,使得相关会计规范发生变化,诸如《增值税会计处理规定》等新会计政策陆续出台。这些变化直接影响到模拟实习企业的会计处理。基于此,我们对本教材再次进行修订,以方便教师开展教学工作和学生进行自主模拟实习。

本书的修订得到了教育界和实务界人士的极大帮助和支持,在此,我们表示诚挚的谢意!

编 者
2018年6月

前 言

对于初学会计者而言,要在短期内掌握好簿记的基本方法、基本技能并不是一件容易的事情,这主要是因为初学者缺乏对会计的感性认识。为了帮助初涉会计者入门并培养其学习会计的兴趣,我们一方面,总结了多年以来在会计理论教学和实验、实习指导中形成的教学经验;另一方面,汇总、整理了在审计业务中发现的会计基础工作中存在的问题,在此基础上编写了《会计学原理模拟实习》一书,以配合"会计学原理"课程的教学,向初学会计者提供一条理论联系实际的学习途径。

《会计学原理模拟实习》取材于一个小型塑料制品厂的会计实务,经整理筛选补充后编写而成。本册模拟实习教材与其他会计模拟实习教材相比,有以下特点:

1. 本书"会计学原理"课程的配套实习教材。本书将会计原理与现代企业的会计基础工作紧密结合,所选经济业务以"会计学原理"课程的基本理论和基本方法为主线,既适宜与"企业主要经营过程的核算""会计凭证编制""账簿登记"等教学内容同步、平行地进行,使课堂教学效果达到事半功倍;又可在"会计学原理"课程教学结束后进行,使学生对会计原理有一个全面、系统的理解,提高对会计原理的运用能力。

2. 注重培养学生的簿记能力。要培养会计人才、提高会计信息的质量,规范会计基础工作是一个重要环节。本书严格按照财政部所颁布的《会计基础工作规范》的要求,对学习者在填制原始凭证、编制记账凭证、登记账簿等会计基础工作方面进行强化训练。

3. 强调会计教学过程中的入门实习和前期实务训练。本书所选经济业务比较简单,学生只要掌握借贷复式记账的基本原理便可练习。入门实习在会计学习过程中的作用,是其他中期实习、毕业实习无法替代的,它不仅有利于"会计学原理"的教学,也有利于"财务会计"等后续课程的教学。本书主要根据邵瑞庆主编的《会计学原理》(立信会计出版社出版)内容配套编写,与《新编会计模拟实习》的工业、商业、股份制企业各分册的实习要求、内容等各有侧重,它们相互衔接,构成与会计理论教学紧密配合的系列模拟实习教材。

4. 本书体现了新企业会计准则体系的规范和要求。2006年财政部颁布的新企业会计准则自2007年1月1日起已在上市公司实施。本册簿记实验教材及时融入了新企业会计准则的精神,使学生在进行模拟实习的同时,初步掌握新会计准则体系的应用。

本书适用于各大专院校的财经类专业、财经类中专会计基础教学的配套实习,也适用于财会人员的上岗培训。

本书由姚津、吴涛、李氟共同编写。在编写过程中,我们还得到了尹晓春和其他有关人士的帮助与支持,在此,我们谨表谢意。

书中如有错误和不当之处,敬请读者提出批评和指正。

编　者

2008 年 12 月

目　　录

第一部分　实习目的、程序、要求及实习组织

一、实习目的 ·· 1

二、实习程序 ·· 1

三、实习要求 ·· 2

　（一）填制自制原始凭证的要求 ·· 2

　（二）填制支票、贷记凭证的要求 ··· 3

　（三）填制记账凭证的要求 ·· 3

　（四）编制科目汇总表的要求 ··· 4

　（五）登记会计账簿的要求 ·· 4

　（六）编制会计报表的要求 ·· 5

四、实习组织 ·· 5

第二部分　实　习　资　料

一、实习企业概况 ·· 7

　（一）企业名称与银行开户情况 ·· 7

　（二）财务部人员构成与岗位职责 ··· 7

　（三）经营情况简介 ·· 8

二、实习企业会计核算程序 ··· 8

三、建账资料——账户设置 ··· 9

　（一）2019年1月初部分账户余额及其账页格式 ································· 9

　（二）"原材料"明细账户2019年1月初余额 ···································· 10

　（三）"生产成本"明细账户2019年1月初余额 ································· 11

　（四）"库存商品"明细账户2019年1月初余额 ································· 11

　（五）"制造费用"多栏式明细账明细项目 ·· 11

　（六）"管理费用"多栏式明细账明细项目 ·· 11

四、**2019年1月份发生的经济业务**(共计34笔) ·································· 11

五、记录及证明经济业务发生的原始凭证(按经济业务发生顺序排列) …………… 15

第三部分　会计凭证、会计账簿示例及会计方法示范

一、常用会计凭证示例 …………………………………………………………… 75
　(一) 现金支票示例 ……………………………………………………………… 75
　(二) 转账支票示例 ……………………………………………………………… 76
　(三) 贷记凭证示例 ……………………………………………………………… 76
　(四) 增值税专用发票示例 ……………………………………………………… 77
　(五) 增值税普通发票示例 ……………………………………………………… 77
　(六) 收据示例 …………………………………………………………………… 78
　(七) 预支单(借款单)示例 ……………………………………………………… 78
　(八) 付款通知单(费用报销单)示例 …………………………………………… 79
　(九) 限额领料单示例 …………………………………………………………… 79
　(十) 领料单示例 ………………………………………………………………… 80
　(十一) 产品入库单示例 ………………………………………………………… 80
　(十二) 产品出库单示例 ………………………………………………………… 80
　(十三) 收款凭证示例 …………………………………………………………… 81
　(十四) 付款凭证示例 …………………………………………………………… 81
　(十五) 转账凭证示例 …………………………………………………………… 81
　　1. 单金额栏转账凭证示例 …………………………………………………… 81
　　2. 双金额栏转账凭证示例 …………………………………………………… 82
　(十六) 科目汇总表示例 ………………………………………………………… 83
二、常用账页示例 ………………………………………………………………… 84
　(一) 日记账示例 ………………………………………………………………… 84
　(二) 三栏式明细账示例 ………………………………………………………… 85
　(三) 数量金额式明细账示例 …………………………………………………… 86
　(四) 多栏式明细账示例 ………………………………………………………… 87
　　1. 不设贷方的多栏式生产成本明细账示例 ………………………………… 87
　　2. 设贷方的多栏式生产成本明细账示例 …………………………………… 88
　　3. 多栏式管理费用明细账示例 ……………………………………………… 89
　(五) 平行式明细账示例 ………………………………………………………… 91
　(六) 三栏式总账示例 …………………………………………………………… 93
三、错账更正方法示范 …………………………………………………………… 94
四、编制会计报表的依据及方法示范 …………………………………………… 104

第四部分　实习参考答案

一、2019年1月各项经济业务的会计分录 ……………………………………… 105
二、2019年1月末各账户余额 …………………………………………………… 108
三、2019年1月财务报表部分项目金额 ………………………………………… 108

附录　各式记账凭证、账页的样张及需要配备的数量（包括备用数） ……… 111
　（一）收款凭证5张 ……………………………………………………………… 111
　（二）付款凭证15张 …………………………………………………………… 111
　（三）转账凭证25张 …………………………………………………………… 113
　（四）记账凭证封面及封底3套 ………………………………………………… 113
　（五）账簿启用及接交表3张 …………………………………………………… 115
　（六）日记账账页2张 …………………………………………………………… 119
　（七）三栏式账页32张 ………………………………………………………… 121
　（八）平行式在途物资（材料采购）明细分类账账页2张 …………………… 123
　（九）数量金额式原材料明细分类账账页2张 ………………………………… 127
　（十）多栏式（8栏）生产成本明细分类账账页2张 …………………………… 129
　（十一）多栏式（7栏）制造费用、管理费用明细分类账账页3张 …………… 131
　（十二）多栏式应交增值税明细分类账账页1张 ……………………………… 133
　（十三）科目汇总表1张 ………………………………………………………… 135

第一部分 实习目的、程序、要求及实习组织

一、实习目的

通过本实习,增强初学者对会计的感性认识,使其能够理论联系实际,加深对会计基础理论的理解;通过对会计实务中各种原始凭证和记账凭证的填写和编制,以及对不同格式账簿的登记、对账、结账和编制会计报表等,使初学者对会计基础工作有一个系统、全面的认识;通过运用会计核算的基本方法,将学生所学的会计基础知识转化为会计实务的基本操作能力,为学生进一步学习财务会计知识打下扎实的基础。

二、实习程序

(一) 熟悉实习单位情况

熟悉实习企业概况及其账务处理程序。

(二) 开设会计账户

根据本书第二部分中"三、建账资料"提供的2019年1月初各账户余额,开设库存现金日记账、银行存款日记账、各有关总分类账和明细分类账。

(三) 填制与审核原始凭证

根据本书第二部分中"三、建账资料""四、2019年1月份发生的经济业务"提供的有关资料,填制空白原始凭证,并对其真实性、完整性和合法性进行审核。

(四) 编制与审核记账凭证

根据本书第二部分中"四、2019年1月份发生的经济业务"提供的原始凭证,对每笔经济业务分类编制收款凭证、付款凭证和转账凭证,并将原始凭证附于记账凭证后,在据以登记账簿前对记账凭证的各项内容,尤其是对其金额与原始凭证金额的一致性、会计分录的正确性等进行审核。

本实习对于库存现金和银行存款之间的收付业务,要求以贷项为主,只编付款凭证;对材料聚乙烯(PE)的领用业务,要求于月末根据限额领料单上全月实际领用数结转材料成本;对于产成品销售业务,要求于月末汇总后结转销售成本。

(五) 登记账簿

登记账簿时,对库存现金日记账、银行存款日记账和有关明细分类账,应在业务发生时根据原始凭证或记账凭证进行登记;对各有关总分类账,则应根据月末编制的科目汇总表登记总分类账。

(六) 账项调整

月末,应按权责发生制原则和配比原则,对预收收入、应计收入、预付费用和应计费用进行调整,编制账项调整的记账凭证,并根据上述(五)的要求登记相关的明细分类账和总分类账。

（七）对账和结账

月末，按不同需要结出各类账户本期发生额或期末余额，将总分类账簿、明细分类账簿和日记账簿中相关内容进行核对，并按权责发生制的要求计算、结转损益。

（八）编制会计报表

根据正确无误的账簿记录编制资产负债表、利润表和现金流量表。

该企业为了及时掌握现金流量情况，加强财务管理，要求按月编制现金流量表。本步骤可以根据实习学生的实际情况决定取舍，略去本步骤不会影响实习程序中其他步骤的进行和整个实习的完整性。

（九）装订成册

月末（实习结束时），将收款凭证、付款凭证和转账凭证分别按编号排列，折叠整齐，加具封面，装订成册。同时，还应将日记账、总分类账、明细分类账及会计报表分别加具封面，装订成册。

三、实习要求

本书要求每位学生或使用者独立地完成实习内容。

（一）填制自制原始凭证的要求

原始凭证是在经济业务发生时直接取得或填制的，用以证明经济业务发生或完成的情况。原始凭证作为编制记账凭证的依据，还具有法律效力。在根据本册实习所提供资料填制有关经济业务的原始凭证时，需注意以下要求：

1. 逐项填写原始凭证的有关内容，不得遗漏。原始凭证的基本要素包括：凭证名称，填制日期，填制凭证单位名称或填制人姓名，经办人签名或盖章，接受凭证单位名称，经办业务内容、数量、单价和金额。实务操作中，还可以根据需要在自制的原始凭证上增加所需内容。

2. 规范书写原始凭证的各项内容。原始凭证的填写必须使用蓝（黑）墨水笔，不得使用铅笔或圆珠笔；所写文字要端正，不得使用未经国务院公布的简化字；文字、数字书写应紧靠行格底线，上方应留有适当空距，不可满格（顶格）书写。

3. 原始凭证中阿拉伯数字书写要求。对于阿拉伯数字要逐个填写清楚，不得连写，不得空格。在数字前应填写人民币符号"￥"，阿拉伯数字一律应填写到角分。无角分的，角位和分位写"00"或"—"；有角无分的，分位应当写"0"，不得用"—"代替。

除此之外，还要注意所写的数字能够清楚地分辨"0"和"6""1"和"7""3"和"8""7"和"9"等。在阿拉伯数字的整数部分，可以从小数点位起向左按"三位一节"用分位点","分开。

4. 中文大写数字的书写要求。大写金额一律应用"壹、贰、叁、肆、伍、陆、柒、捌、玖、拾、佰、仟、万、亿、元、角、分、零、整"等，并要注意：

(1)"角"不能用"毛"代替，"零"不能写"另"。

(2) 大写金额未到分位的，应在其后写"整"字。

(3) 阿拉伯数字中有"0"的，大写金额应写有"零"字对应，如￥205.60元，应写成人民币贰佰零伍元陆角整；阿拉伯数字中连续有几个"0"时，大写金额中可以只写一个"零"字，如￥800.20元，应写成人民币捌佰元零贰角整。

(4) 大写金额前要冠以"人民币"字样，其与大写金额首位数字之间不留空位；大写数字之间也不能留空位。

5. 凡填有大写和小写金额的原始凭证，大写与小写金额必须相符。

6. 原始凭证不得涂改、挖补。发现原始凭证有错误的，应当(由开出单位)重开或者更正，更正处应当加盖开出单位的公章。

原始凭证填制示例详见本书第三部分中"一、常用会计凭证示例"中"(一) 现金支票示例"至"(十二) 产品出库单示例"。

（二）填制支票、贷记凭证的要求

支票结算是最常见的款项结算方式。支票是由出票人签发的、委托办理支票存款业务的银行在见票时无条件支付确定金额给收款人或持票人的票据。支票日期必须使用中文大写，并且在填写月、日时，若月为壹、贰和壹拾的，日为壹至玖和壹拾、贰拾和叁拾的，应在其前加"零"；日为拾壹至拾玖的，应在其前加"壹"字，如 2 月 17 日应写为零贰月壹拾柒日，1 月 20 日应写为零壹月零贰拾日。

支票填制示例详见本书第三部分中"一、常用会计凭证示例"中的"(一) 现金支票示例""(二) 转账支票示例"。

贷记凭证的填制参照上述支票填制的要求，填制示例详见本书第三部分中"一、常用会计凭证示例"中的"(三) 贷记凭证示例"。

（三）填制记账凭证的要求

记账凭证是用以记载经济业务简要内容、明确会计分录、作为记账依据的会计凭证。记账凭证分为收款凭证、付款凭证和转账凭证三种。在填制记账凭证时应注意以下要求：

1. 逐项填列记账凭证的各项内容，不得遗漏。记账凭证填制内容一般包括：记账凭证名称，填制日期和凭证的编号，会计科目(包括子目、细目)，借贷方向和金额，经济业务的内容摘要，所附原始凭证的张数，填制、审核、记账、会计主管等有关人员的签名或盖章，对于收款凭证和付款凭证还需出纳人员的签章。

2. 会计科目应保持清晰、正确的对应关系，会计科目要写全称，不能简化，子目、细目要准确。

3. 摘要栏的填写应简明扼要，明确清晰，既要反映每笔经济业务的概要，又要避免过分简化。

4. 结合该单位具体情况，可以根据原始凭证来填制记账凭证，也可根据原始凭证汇总表填制记账凭证，但不能把不同类别经济业务合并编制在一张记账凭证上。若一份原始凭证涉及几张记账凭证，可将原始凭证附在主要记账凭证后，同时，需在其他记账凭证上注明附有原始凭证的记账凭证编号及其所附原始凭证的张数。

5. 除结账和更正错误的记账凭证可以不附原始凭证外，其他记账凭证必须附有原始凭证。

6. 填写完记账凭证上的经济业务事项后，应当自金额栏最后一笔的金额数字下至合计数之间的空栏处划线注销。

7. 记账凭证登记入账后，应在规定处标明已入账的标记"√"。

8. 填制记账凭证时，应当对各类记账凭证分别进行连续编号，并填写在编号栏内。

现收 01　　现收 02……

现付 01　　现付 02……

银收 01　银收 02……

银付 01　银付 02……

转 01　转 02……

以此类推。

月末,分别在最后一张收款凭证、付款凭证和转账凭证的编号右边加注"全"字或"完"字,以示本月的各类记账凭证编号到此为止。

9. 一笔经济业务需要填制两张及以上记账凭证的,可用"分数编号法"表示,如第 40 笔转账业务需要编两张记账凭证,则其编号依次为 $40\frac{1}{2}$、$40\frac{2}{2}$。

记账凭证填制示例详见本书第三部分中"一、常用会计凭证示例"中的"(十三)收款凭证示例、(十四)付款凭证示例、(十五)转账凭证示例"。

（四）编制科目汇总表的要求

本实习要求月末将收款凭证、付款凭证和转账凭证区分不同会计科目,分别按借、贷金额汇总填入科目汇总表借方发生额栏和贷方发生额栏,并对汇总结果进行试算平衡,据以登记总分类账。

科目汇总表填制示例详见本册第三部分中"一、常用会计凭证示例"中的"(十六)科目汇总表示例"。

（五）登记会计账簿的要求

本实习涉及日记账、总分类账、明细分类账三种账簿。启用时,应在账簿封面上写明使用单位(即实习企业)名称和账簿名称,并在扉页正面的"账簿启用及接交表"内写明以下内容:启用日期、记账人员和复核人员姓名、会计主管姓名,并加盖有关人员的私章和使用单位公章(本实习略),在扉页的另一面写明该账簿所记账户目录。

1. 采用订本式的库存现金日记账和银行存款日记账,必须在启用时就编定页号;采用活页式的明细分类账和总分类账,应按账户顺序编制分页页号,定期装订成册后(本实习中指月末)再按实际使用的账页顺序编定页码,并另加目录,记明每个账户的名称和页次。编页时,不得跳页,不得缺号。

2. 每一种账簿第一页的页眉上应写明账簿名称和账户名称,第一行的摘要栏内应注明"上年结转"字样,将期初余额登入余额栏,标明余额方向。上年末结平的账户则可省去这行内容,直接登账。

3. 登账时,应将会计凭证上的日期、编号、业务摘要、金额等内容逐项登入同一行的相应栏,做到数字准确、摘要清晰、登记及时、字迹工整,并在记账凭证上注明过账符号"√",以免重复登账。一般情况下,应用蓝黑墨水或碳素墨水书写,不得用圆珠笔和铅笔书写,所写文字和数字应紧靠行格底线,不得充满整行,不得跳行、跳页。如果发生跳行或跳页,应当在空行或空页上,划对角红线注销,或注明"此行作废""此页作废"字样,并由记账人员签名或盖章。

若是出现下列情况之一,则可用红色墨水书写数字:① 按照红字冲账的记账凭证登账,冲销错误记录;② 在未同时设置借方栏和贷方栏的多栏式账页中登记减少数。

4. 若发现账簿有错,不得涂改、挖补、刮擦或用药水消除字迹,也不准重新抄写,应区别账簿错误的原因,分别用划线更正法、红字更正法、补充登记法进行错账更正。在对错误的文字或数字划线更正时,必须保持原有字迹清晰可辨,划红线后,在其上方填写正确的文字或数字,并由记账人员在更正处盖章留印。

错账更正方法详见本册第三部分中"三、错账更正方法示范"。

5. 每一账页登记完毕,应结出本页余额,并根据需要决定是否分别结出本页借、贷方发生额合计数,写于本页最后一行和下页第一行有关栏内,并在摘要栏分别注明"转次页"和"承前页"的字样。

所谓"本页合计数",是指本月初起至本页末止的累计发生额。

6. 平时,除库存现金日记账和银行存款日记账需要逐日结出余额以外,其他账户根据需要结出余额。凡有余额的,应在余额栏前的余额方向栏内,用"借""贷"或"平"等字样注明余额方向;有余额而无余额方向栏的,应用蓝字或黑字表示正常余额,用红字表示反常余额;余额为零时,余额栏内用"φ"表示。

7. 月末,必须结出每个账户的期末余额。对不需要结出每月发生额的账户,月末应当在记录经济业务的最后一行下通栏划单红线;对需要结出当月发生额的账户,应当在记录经济业务的最后一行下增加"本月合计"行,分别结出本月的借、贷发生额和余额,并在该行的上、下方各自通栏划单红线;对需要结出本年累计发生额的账户,还应当在"本月合计"行下再增加"本年累计"行,分别结出本年累计的借、贷发生额和余额,并将第二条单红线移至该行的下方。

各式账簿的填制示例详见本册第三部分中"二、常用账页示例"。

(六) 编制会计报表的要求

月末,根据登记完整、审核无误的会计账簿记录和其他有关资料分别编制资产负债表、利润表和现金流量表,并做到数字真实、内容完整、计算准确、说明清晰。各会计报表之间、会计报表各项目之间,凡应有对应关系的数字,应当进行稽核,确定其一致性。

会计报表的编制详见本册第三部分中"四、编制会计报表的依据及方法示范"。

四、实习组织

本书适宜与《会计学原理》理论教学同步、平行地进行,相应的实习步骤安排如下:在学习了复式记账原理、借贷记账法及其运用后,要求对实习企业的整个资金循环过程中的各项经济业务编制会计分录;在学习了会计凭证的作用及其填制、审核方法后,要求分别对实习企业各项经济业务所涉及的原始凭证、记账凭证进行填制、审核、编号与整理;在学习了各种会计账簿的作用及账簿登记方法后,要求根据记账凭证及所附原始凭证登记相关的账簿;在学习了会计核算程序后,要求根据收款凭证、付款凭证和转账凭证编制科目汇总表,并据以登记相关的总分类账;在学习了财务报表的列报后,要求根据账簿记录填列各报表的有关项目。需要注意的是,上述各项实习步骤还应结合第一部分中"二、实习程序""三、实习要求"进行。

本书也适宜在《会计学原理》理论教学完成后使用。

在本书的使用过程中,应配备实习指导教师组织和指导实习,对学生提出的疑难问题给予解答和帮助,最后根据学生完成实习的质量评定实习成绩。

实习指导教师还可以根据下列"实习进度安排表",为学生计划各项实习内容的完成时间,以便督促、检查学生的实习完成情况,配合理论教学进度。

实 习 进 度 表

主要实习环节	实习时间安排	实习的完成情况	备　　注 (实习中存在问题)
1. 熟悉情况			
2. 编制会计分录			
（1）供应业务			
（2）生产业务			
（3）销售业务			
（4）财产清查业务			
（5）账项调整			
（6）财务成果形成			
（7）资金退出业务			
3. 填制原始凭证			
4. 编制记账凭证			
5. 登记账簿			
6. 对账和结账			
7. 编制会计报表			
8. 装订成册			
9. 其他			

　　各式记账凭证、账页的样张与需要配备的数量(包括备用数)详见附录。

第二部分 实习资料

一、实习企业概况

（一）企业名称与银行开户情况

企业名称：佳塑塑料制品有限公司

住　　所：上海市文汇南路2280号

电　　话：67701111

法定代表：郭　林

纳税人识别号：310108001567123

企业银行开户情况：

　　基本存款户：中国工商银行上海市分行松江支行文汇分理处

　　账　　号：252-69014925

（二）财务部人员构成与岗位职责

1. 人员构成

财务主管：张　颖

出　　纳：肖　平

会　　计：刘　利

2. 岗位职责

财务主管岗位职责：

(1) 审核转账凭证,登记总分类账,编制财务报表。
(2) 制定财务计划,调度资金,计算、分析财务指标。
(3) 负责会计档案保管。
(4) 全面管理、协调财务部工作。

出纳岗位职责:
(1) 办理日常报销业务,负责货币资金的收支、保管。
(2) 编制收款凭证和付款凭证。
(3) 登记库存现金日记账和银行存款日记账。
(4) 登记在途物资、原材料、库存商品、固定资产等实物资产明细分类账,登记其他长期资产和所有者权益明细分类账。

会计岗位职责:
(1) 审核收款凭证和付款凭证,编制转账凭证。
(2) 负责工资薪酬核算、成本核算。
(3) 登记债权债务等流动资产、流动负债明细分类账,登记收入、费用等损益类明细分类账。
(4) 负责纳税申报。

(三) 经营情况简介

佳塑塑料制品有限公司为塑料制品加工企业,属于增值税一般纳税人,适用16%的增值税税率和25%的所得税税率。其主要产品包括整理箱(JL-1)和塑料筐(JK-2)两种,分别以聚丙烯(PP)和聚乙烯(PE)为主要材料。产品生产只需经过单一的加工步骤即完成所有加工过程,并不断地重复生产这两种产品。该企业将原材料存放于材料仓库,供产品生产或其他需要领用;将完工产品放于成品仓库,主要用于对外销售。材料仓库和成品仓库的货物分别由各自的仓库管理员负责收、发、存的管理。

二、实习企业会计核算程序

佳塑塑料制品有限公司采用科目汇总表会计核算程序进行会计核算。其主要特点是:月末根据收、付款凭证和转账凭证编制科目汇总表,再根据汇总结果登记总分类账。该企业会计核算程序如下图所示。

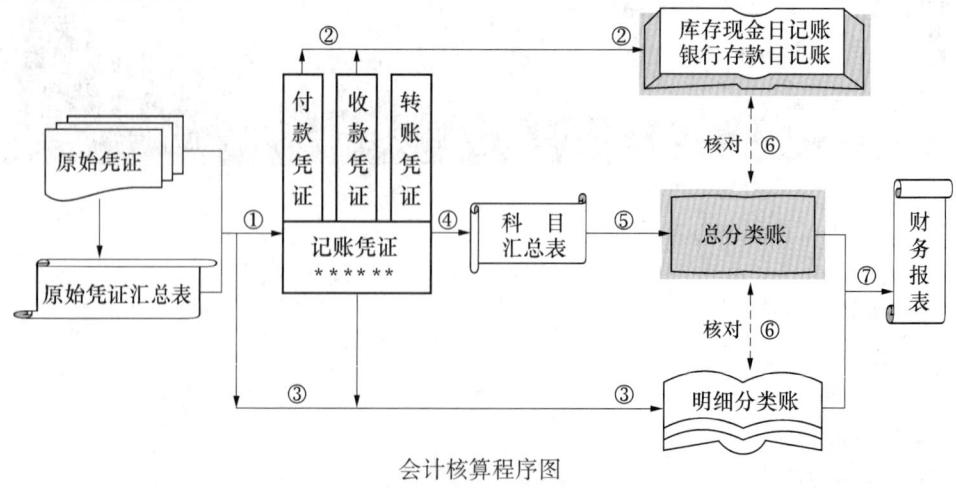

会计核算程序图

上述会计核算程序中的工作步骤为：
① 根据原始凭证或原始凭证汇总表编制收、付、转记账凭证。
② 根据收款凭证、付款凭证，序时、逐笔地登记库存现金及银行存款日记账。
③ 根据收、付、转记账凭证及所附的原始凭证或原始凭证汇总表，逐笔登记各种明细分类账。
④ 月末，根据收款凭证、付款凭证和转账凭证编制科目汇总表。
⑤ 根据科目汇总表汇总数登记总分类账。
⑥ 将相关的日记账、总分类账和明细分类账进行核对。
⑦ 根据核对无误的账簿记录编制财务报表。

三、建账资料——账户设置

(一) 2019年1月初部分账户余额及其账页格式

科目编号	总账科目	子目	余额	账页格式	
1001	库存现金		925.00	三栏式	日记账
1002	银行存款		355 304.53	三栏式	日记账
1122	应收账款		197 865.00	三栏式	
		禾润百货公司	39 500.00	三栏式	
		瑞信百货公司	80 365.00	三栏式	
		南方百货公司	78 000.00	三栏式	
1221	其他应收款		7 200.00	三栏式	
		采购部李捷	7 200.00	(略)	
1402	在途物资(或材料采购)(注)		0	三栏式	平行式(用P123、P125提供的账页)
1403	原材料		43 900.00	三栏式	
		聚丙烯(PP)	13 500.00	数量金额式	
		聚乙烯(PE)	16 800.00	数量金额式	
		着色剂	9 500.00	(略)	
		其他辅料	4 100.00	(略)	
1405	库存商品		230 400.00	三栏式	
		整理箱JL-1	124 800.00	(略)	
		塑料筐JK-2	105 600.00	(略)	
1601	固定资产		699 320.00	三栏式	
1602	累计折旧		(贷)99 885.00	三栏式	
1901	待处理财产损溢		0	三栏式	
2001	短期借款		400 000.00	三栏式	

注：为便于会计学原理的学习，本书对"在途物资"账户与"材料采购"账户的用途不作区分。

(续表)

科目编号	总账科目	子目	余额	账页格式	
2202	应付账款		155 890.00	三栏式	
		和野塑胶有限公司	88 870.00		（略）
		信实化工科技有限公司	67 020.00		（略）
2211	应付职工薪酬		64 730.00	三栏式	
2221	应交税费		19 507.94	三栏式	
		应交增值税	（借）1 876.06		多栏式
		应交所得税	21 384.00		三栏式
2231	应付利息		0	三栏式	
4001	实收资本		500 000.00	三栏式	
4002	资本公积		51 600.00	三栏式	
4101	盈余公积		127 255.20	三栏式	
4103	本年利润		0	三栏式	
4104	利润分配		118 111.39	三栏式	
		未分配利润	118 111.39		（略）
5001	生产成本		2 065.00	三栏式	
		整理箱JL-1	2 065.00		多栏式
		塑料筐JK-2	0		多栏式
5101	制造费用		0	三栏式	多栏式
6001	主营业务收入		0	三栏式	
6401	主营业务成本		0	三栏式	
6601	销售费用		0	三栏式	
6602	管理费用		0	三栏式	多栏式
6603	财务费用		0	三栏式	
6801	所得税费用		0	三栏式	

（二）"原材料"明细账户2019年1月初余额

类别及名称		结存 数量	单价	金额
主要材料	聚丙烯(PP)(千克)	1 500	9.00	13 500.00
	聚乙烯(PE)(千克)	1 200	14.00	16 800.00
辅助材料	着色剂(桶)	—	—	9 500.00
	其他辅料(件)	—	—	4 100.00
合计				43 900.00

（三）"生产成本"明细账户 2019 年 1 月初余额

产品名称及型号 \ 结存	直接材料	直接人工	制造费用	合计
整理箱 JL-1	1 550.00	515.00	0	2 065.00
塑料筐 JK-2	0	0	0	0

（四）"库存商品"明细账户 2019 年 1 月初余额

产品名称及型号 \ 结存	数量	单价	金额
整理箱 JL-1(只)	2 600	48.00	124 800.00
塑料筐 JK-2(只)	1 650	64.00	105 600.00
合计			230 400.00

（五）"制造费用"多栏式明细账明细项目

项目	工资薪酬	折旧费	修理费	水电费	其他

（六）"管理费用"多栏式明细账明细项目

项目	工资薪酬	折旧费	修理费	水电费	业务招待费	其他

四、2019 年 1 月份发生的经济业务（共计 34 笔）

(1) 2 日，收到投资方签发的支票一张，金额为 60 000 元，作为投资方追加的投入资本。
要求：填制进账单（已填制完成），将银行支票送存工商银行基本存款户。

(2) 3 日，向上海万红塑料有限公司购买材料，收到的增值税专用发票上列明：

材料名称	数量	单价	价款	税额
聚丙烯(PP)	4 500 千克	9.00 元/千克	40 500.00 元	6 480.00 元
聚乙烯(PE)	1 800 千克	14.00 元/千克	25 200.00 元	4 032.00 元

货已验收入库。
要求：签发支票，号码 MN205321；填制收料单（已填制完成），并据以登记在途物资和原材料明细分类账；结转原材料入库成本。

(3) 4 日，产品生产领用材料：

用途	材料名称	领用数量	单位成本	领料人
产品整理箱 JL-1 生产耗用	聚丙烯(PP)	4 000 千克	9.00 元/千克	李小丽
产品塑料筐 JK-2 生产耗用	聚乙烯(PE)	2 000 千克	14.00 元/千克	左 嘉

要求：填制领料单一张（聚丙烯）、限额领料单一张（聚乙烯，编号 01308），并据以登记原材料和生产成本明细分类账；结转聚丙烯领用成本。

(4) 7日,公司管理人员魏晓(工号：369)赴宁波出差洽谈业务,预借差旅费600元,出纳以现金付讫。

要求：填制预支单(预支部门：销售部；公司核准：王嘉翔；部门核准：张庆)。

(5) 8日,向禾润百货公司销售产成品,开出增值税专用发票(号码00143376),货已发出,货款尚未收到。

产品名称	产品型号	销售数量	单　价	价　款	税　额	单位成本
整理箱	JL-1	1 500 只	60.00 元/只	90 000.00 元	14 400.00 元	48.00 元/只
塑料筐	JK-2	600 只	86.00 元/只	51 600.00 元	8 256.00 元	64.00 元/只

要求：填制增值税专用发票(购货方地址：花园路568号；电话：56718339；税务识别号：310009237654164；开户银行及账号：农行301-0039817)；填制产品出库单,并据以登记库存商品明细分类账(登账略),售出库存商品成本于月末汇总后结转。

(6) 9日,填制贷记凭证一张,金额为17 200元,支付向长江计算机公司购入一台计算机及配套设备的款项。

要求：填制贷记凭证一张,号码BF42003498。

(7) 10日,魏晓报销差旅费621元,出纳以现金21元补付预支款不足之差额。

(8) 11日,领用着色剂及其他辅料一批,具体资料如下：

用　途	领用数量	单位成本	领料人
产品整理箱JL-1生产耗用	35 桶	31.40 元/桶	李小丽
产品塑料筐JK-2生产耗用	20 桶	31.40 元/桶	左　嘉
车间一般耗用	3 件	50.00 元/件	刘　亮
行政管理部门耗用	2 件	50.00 元/件	张　芳

要求：分别按用途填制领料单(四张),并据以登记原材料和生产成本、制造费用和管理费用明细分类账；结转原材料领用成本。

(9) 11日,签发支票一张,从工商银行基本存款户提取现金2 000元备用。

要求：签发支票,号码MN205322。

(10) 14日,向信实化工科技有限公司购买材料,收到的增值税专用发票上列明：

材料名称	数　量	单　价	价　款	税　额
聚丙烯(PP)	5 000 千克	8.90 元/千克	44 500.00 元	7 120.00 元
聚乙烯(PE)	4 500 千克	13.90 元/千克	62 550.00 元	10 008.00 元

货已验收入库,货款尚未支付。

出纳另以现金支付上海黄浦运输公司上述两种材料的运费950元。

要求：按材料重量分配运输费,并填制运费计算分配表；填制收料单,并据以登记在途物资和原材料明细分类账；结转原材料入库成本。

(11) 15日,签发支票一张,向工商银行提取现金64 730元。根据"工资发放单"以现金发放工资。

要求：签发支票,号码 MN205323。

(12) 16 日,通过工商银行交纳上月应交未交所得税 21 384 元,当即收到所得税缴款书收据联。

(13) 17 日,产品生产领用材料:

用　　途	材料名称	领用数量	单位成本	领料人
产品整理箱 JL-1 生产耗用	聚丙烯(PP)	6 000 千克	9.00 元/千克	李小丽
产品塑料筐 JK-2 生产耗用	聚乙烯(PE)	3 952 千克	14.00 元/千克	左　嘉

要求：填制领料单一张(聚丙烯),据以登记原材料和生产成本明细分类账,并结转聚丙烯领用成本;填制限额领料单(聚乙烯,编号 01308)上有关内容,并据以登记原材料和生产成本明细分类账。

(14) 18 日,收到南方百货公司交来银行支票一张,金额为 80 000 元,结清前欠货款。(公司不设"预收账款"账户)

要求：填制进账单,将银行支票送存工商银行。

(15) 22 日,收到工商银行转来供电局专用托收凭证,付讫款项 10 347.2 元,其中电费与增值税分别为 8 920 元和 1 427.2 元,已在增值税专用发票上列明。当即按下列固定比例对电费进行分配:

　　生产车间　　　　80%
　　行政管理部门　　20%

要求：编制电费分配计算表。

(16) 23 日,填制贷记凭证一张,支付广告费 3 450 元,收到时代广告公司开出发票。

要求：填制贷记凭证,号码 BF42003499。

(17) 24 日,收到稻香饭店发票一张,要求结算本月招待客户就餐费 614.3 元,款项直接以现金支付。

要求：填制付款凭单(部门主管:王方)。

(18) 25 日,归还短期借款 110 000 元。该项借款于上年 12 月 25 日向工商银行借入,今日到期,到期利息 982 元于同日结清。

(19) 28 日,向瑞信百货公司销售产成品,开出增值税专用发票(号码 00143377),货已发出,当即收到对方签发的支票一张,金额为 169 360 元。

产品名称	产品型号	销售数量	单　价	价　款	税　额	单位成本
整理箱	JL-1	1 000 只	60.00 元/只	60 000.00 元	9 600.00 元	48.00 元/只
塑料筐	JK-2	1 000 只	86.00 元/只	86 000.00 元	13 760.00 元	64.00 元/只

要求：填制增值税专用发票(购货方地址:上海市新民路 108 号,电话:64938836;税务识别号:310113589073204,开户行及账号:中行徐汇支行 320-76440532);填制产品出库单,并据以登记库存商品明细分类账(登账略),售出库存商品成本于月末汇总后结转;填制进账单,将银行支票送存工商银行。

(20) 28日,月末财产清查,原材料聚丙烯(PP)盘亏50千克,经查,属领发材料中的计量差错。

要求:填制存货盘盈盘亏报告单上相关项目,结转盘亏存货成本。

(21) 29日,与工商银行松江支行签订为期3个月的短期借款合同,金额为50 000元。接到开户银行收账通知,借款已划转本厂账户。

(22) 30日,签发支票一张,支付向上海诚明劳动防护用品有限公司购买劳防用品款4 017元。该批物资直接被生产车间领用,不作入库处理。

要求:签发支票,支票号码MN205324。

(23) 30日,经分管副经理审核批准,对原材料聚丙烯(PP)的盘亏作转销的账务处理。

(24) 31日,结转全月领用聚乙烯(PE)的成本。

要求:填制完成限额领料单(聚乙烯,编号01308)上相关内容,根据全月实用数结转聚乙烯领用成本;根据本月领料单和限额领料单填制"生产成本计算表"相关项目。

(25) 31日,分配本月应付职工工资。本月工资总额为68 220元,其中生产工人工资48 720元,按生产工时在产品之间进行分配;车间管理人员工资8 500元;行政管理人员工资11 000元。产品生产工时有关资料如下:

产品名称及型号	生 产 工 时
整理箱JL-1	1 438
塑料筐JK-2	1 810

要求:填制"应付职工薪酬分配表",据以分配工资费用;填制"生产成本计算表"相关项目。

(26) 31日,根据"固定资产折旧汇总表"计提本月折旧费3 823.7元。

要求:根据"固定资产分类折旧计算表"填制"固定资产折旧汇总表"。

(27) 31日,按产品生产工时分配结转生产车间的制造费用。

要求:编制"生产车间制造费用分配表",据以分配本月制造费用;填制完成"生产成本计算表"。

(28) 31日,本月完工产品情况如下:

产品名称及型号	完 工 数 量	完 工 成 本	在产品成本
整理箱JL-1	2 600只	124 800.00	0
塑料筐JK-2	1 934只	123 776.00	0

要求:登记生产成本明细分类账并结账;填制产品入库单,并据以登记库存商品明细分类账(登账略);结转库存商品入库成本。

(29) 31日,结转本月产品销售成本。

要求:根据产品出库单填制库存商品发出汇总表。

(30) 31日,根据利息计算单计提本月应负担的尚未到期的短期借款利息1 200元。

(31) 31日,将损益类各账户的余额结转至"本年利润"账户。

(32) 31日,根据本月利润总额,按25%的所得税税率结算并结转应交所得税。

(33) 31日,根据全月所有收款、付款和转账凭证编制科目汇总表,试算平衡后据以登记相关的总分类账;完成其余账户的登账;对各类账户进行月末结账和对账。

(34) 31日,根据账簿记录及有关资料编制本月资产负债表、利润表和现金流量表。

五、记录及证明经济业务发生的原始凭证(按经济业务发生顺序排列)

经济业务(1)

中国工商银行上海市(　　)进账单(回单)　①

2019年1月2日

款项来源	投资方出资款	收款人	全称	佳塑塑料制品有限公司
款项种类	票据(分页填写)		账号	252-69014925

科目：　　　　　　　　　　　　　　　　对方科目：

人民币(大写)：陆万元整　　　　　　　　￥60000000

托收票据目录第1页	共　　页	票据种类	金额
付款单位账号	凭证号码		十万千百十元角分
296-05311619	TA511322	支票	￥60000000

(收款银行盖章)

此联由银行盖章后退回单位

注意：
(1) 解入票据须俟收妥后方可用款
(2) 本联于款项收妥后代收账通知

中国工商银行上海市分行支票

支票号码：TA511322

出票日期(大写)：贰零壹玖年零壹月零贰日　　付款行名称：工行徐汇支行华分处
收款人：佳塑塑料制品有限公司　　　　　　　　出票人账号：296-05311619

人民币(大写)	陆万元整	千百十万千百十元角分
		￥60000000

用途　投入资本

上列款项请从
我账户内支付
出票人签章

(用章) 财务专章　货公司　沪江百

平刘印汉

复核
记账
验印

佳塑塑料制品有限公司三届一次股东大会决议

佳塑塑料制品有限公司三届一次股东大会于2018年12月31日在公司本部会计室召开,会议由法定代表人李晓禾主持。会议应到股东5人,实到股东5人,公司监事列席会议,符合《公司法》与《公司章程》的有关规定,所作决议合法有效。

与会股东认真、充分地讨论了公司2019年度增资议案:

提议公司注册资本由原500 000.00元人民币,增加到560 000.00元人民币,增加注册资本60 000.00元人民币,由新增股东沪江百货公司一方以货币现金增资,认缴的注册资本金须于2019年1月10日前全部到位。

根据《公司章程》和股东会议事规则的有关规定,全体与会股东投票表决,一致通过上述议案。

佳塑塑料制品有限公司董事会
二〇一九年一月二日

经济业务(2)

上海增值税专用发票

3100290377　　　　　　　　　　　　　　　No 16003546

开票日期:2019年1月3日

购买方	名称:佳塑塑料制品有限公司 纳税人识别号:310108001567123 地址、电话:上海市文汇南路2280号;67701111 开户行及账号:工行松江支行文汇分理处252-69014925	密码区	37968*2/1<>-D 26+-543+-799> 0573++>0<*2087 3-652/42<77+9/3	版本:01 3100290377 16003546

货物或应税劳务、服务名称	规格型号	单位	数量	单价	金额	税率	税额
聚丙烯(PP)	T30S	千克	4 500	9.00	¥40 500.00	16%	¥6 480.00
聚乙烯(PE)	LDPE2468	千克	1 800	14.00	¥25 200.00	16%	¥4 032.00
合　计					¥65 700.00		¥10 512.00

价税合计(大写)	零拾柒万陆仟贰佰壹拾贰元零角零分	(小写)¥76 212.00

销售方	名称:上海万红塑料有限公司 纳税人识别号:310225100001213 地址、电话:上海市万寿北路165号;63581212 开户行及账号:工行闸北支行267-03013171	备注	

收款人:张方华　　复核:李莉　　开票人:王芳　　销售方:(章)

中国工商银行上海市分行

支票号码：MN205321

附加信息：_____

_____

_____

_____

出票日期： 年 月 日

收 款 人：_____

金　　额：_____

用　　途：_____

中国工商银行上海市分行支票

支票号码：MN205321

出票日期(大写)： 年 月 日　付款行名称：

收款人：　　　　　　　　　出票人账号：

人民币(大写)	千	百	十	万	千	百	十	元	角	分

用途_____

上列款项请从

我账户内支付

出票人签章

复核

记账

验印

佳塑塑料制品有限公司
收 料 单

No.00841

供货单位：上海万红塑料有限公司

发票号码：16003546　　　　2019年1月3日　　　　仓库：材料仓库

材料类别	材料名称	计量单位	数量		金额	
			应收	实收	单位成本	总成本
主要材料	聚丙烯(PP)	千克	4 500	4 500	9.00	40 500.00
主要材料	聚乙烯(PE)	千克	1 800	1 800	14.00	25 200.00
	↙					
备注					合计	65 700.00

② 记账联

验收：×××　　　　仓库保管员：×××　　　　制单：×××

经济业务(3)

佳塑塑料制品有限公司
领 料 单

No.008203

领用单位：_____
用　　途：_____　　　　　年　月　日　　　　　仓库：_____

材料类别	材料名称	计量单位	数量		金额	
			请领	实领	单位成本	总成本
备注					合计	

仓库保管员：×××　　　　　领料部门主管：×××　　　　　领料人：×××

② 记账联

佳塑塑料制品有限公司
限 额 领 料 单

No.01308

领用部门：生产车间
用　　途：生产JK-2产品　　　　　年　月　　　　　仓库：_____

材料类别	材料名称	计量单位	单价	全月领用限额（千克）	全月实用	
					数量	金额
主要材料	聚乙烯	千克	14.00元/千克	6 000		

供应部门负责人：×××　　　　　　　　　　　　　　生产计划部门负责人：×××

日期	请领		实发			退库		限额结余
	数量	领料单位负责人	数量	发料人	领料人	数量	退库单编号	（千克）
		×××		×××				
		×××		×××				
		×××		×××				
		×××		×××				
合计		—		—	—			

仓库负责人：×××

经济业务(4)

佳塑塑料制品有限公司
预 支 单

预支日期＿＿年＿＿月＿＿日　　　报销日期＿＿年＿＿月＿＿日

第一联：预支时作付款凭证

预支金额	人民币(大写)	预支部门		预支人姓名		预支人工号	
用途说明							
		公司核准		部门核准		预支人签章	

注意　粗线框内请预支人填写

财务主管＿＿＿＿　复核＿＿＿＿　出纳＿＿＿＿

经济业务(5)

上海增值税专用发票

3100091025　　　　　　　　　　　　　　　　　　　　No 00143376

此联不作报销、扣税凭证使用

开票日期：

购买方	名　　称： 纳税人识别号： 地　址、电　话： 开户行及账号：			密码区		(略)		
货物或应税劳务、服务名称	规格型号	单位	数量	单价	金额		税率	税额
合　　计								
价税合计(大写)					(小写)			
销售方	名　　称： 纳税人识别号： 地　址、电　话： 开户行及账号：			备注				

第一联：记账联　销售方记账凭证

收款人：　　　　　复核：　　　　　开票人：　　　　　销售方：(章)

佳塑塑料制品有限公司
产　品　出　库　单

No.13872

接受单位：
用　途：　　　　　　　　　　　年　月　日　　　　　　　仓库：_____

产品名称或型号	计量单位	数　量	金　额	
			单位成本	总成本
备　注			合　计	

仓库管理员：×××　　　　接受单位经手人：×××　　　　制单：×××

②记账联

经济业务（6）

贷记凭证 BF42003498
（回单联） 1

中国工商银行上海市分行贷记凭证

凭证号码 BF42003498
2

签发日期：　年　月　日

付款人	
账号	
开户行	
人民币	
收款人	
账号	
开户行	
用途：	

单位主管　会计　复核　记账

① 此联作付款人回单

签发日期（大写）　年　月　日

付款人	全称		收款人	全称	
	账号			账号	
	开户银行			开户银行	

人民币（大写）	千	百	十	万	千	百	十	元	角	分

用途_____

上列款项请从
我账户内支付
付款人签章

复核　　记账　　验印

② 此联作付款人开户行借方凭证

上海增值税普通发票

3100200507　　　　　　　　　　　　　　　　　　　　　　　　No 01458957

开票日期：2019 年 1 月 10 日

购买方	名　　称：佳塑塑料制品有限公司 纳税人识别号：310108001567123 地址、电话：上海市文汇南路 2280 号；67701111 开户行及账号：工行松江支行文汇分理处 252-69014925	密码区	613450<<-1702+//1　版本：01 >10981-/27*/+3507 39*704278<<46*+1　3100200507 60538<<37*+>>10　01458957

货物或应税劳务、服务名称	规格型号	单位	数量	单价	金额	税率	税额
1BM 台式电脑		台	1	9 572.65	￥9 572.65	16%	￥1 531.62
爱普生打印机		台	1	3 589.74	￥3 589.74	16%	￥574.36
惠普扫描仪		台	1	1 665.20	￥1 665.20	16%	￥266.43
合　计					￥14 827.59		￥2 372.41

价税合计（大写）	壹万柒仟贰佰零拾零元零角零分	（小写）￥17 200.00

销售方	名　　称：上海长江计算机公司 纳税人识别号：310010203047686 地址、电话：上海市大兴路 1256 号　64932017 开户行及账号：建行卢湾支行　252-64071829	备注	（上海长江计算机公司 310010203047686 发票专用章）

收款人：范晓华　　　复核：　　　　开票人：王小毛　　　销售方：（章）

佳塑塑料制品有限公司
固定资产验收单

2019 年 1 月 10 日　　　　　　　　　　　　　　　　　　No. 00076

名　称	规格型号	来　源	数量	购（造）价	使用年限	预计残值
IBM 台式电脑	P-MLX	外购	一套	17 200.00	5 年	4%

安装费	月折旧率	建造单位	交付使用日期	附件：
—	1.6%	上海长江计算机公司	2019 年 1 月 10 日	爱普生打印机一台 惠普扫描仪一台

验收部门	设备科	验收人员	张琴清	管理部门	设备科	管理人员	刘大威

主要规格	Intel Xeon MP 硬盘：80G 内存：512MB	DVD ROM 声卡：ALC888 显示器：172CD

经济业务（7）

佳望塑料制品有限公司
外埠出差报销单

2019年1月10日

出差人姓名	魏 晓					工作部门	销售部				预借金额	600.00		
出差事由	洽谈业务					出差日期	1月7日到1月9日				返回金额	—		
出差地点	宁波					出差天数	3 天				应补金额	21.00		

起			到			达	车 船 费		在途伙食津贴		通宵乘车补贴			住勤伙食补贴			住宿费	市内交通费	其他费用	
月	日	时	分	地点	月	日	时	分	地点	交通工具	金额	人/天	金额	票价	补贴%	金额	人/天	每天标准补助	金额			项目	金额
1	7	10	12	上海	1	7	14	23	宁波	火车	48.00											复印费	12.00
1	9	18	20	宁波	1	9	21	56	上海	火车	48.00			现金付讫			1/3	30.00	90.00	300.00	83.00	通讯费	40.00
各项费用小计										96.00						90.00			300.00	83.00		52.00

合计金额 （小写）¥621.00
（人民币大写）陆佰贰拾壹元整

审核：刘 利　　　出纳：肖 平　　　报销人：魏 晓

附件 8 张

经济业务(8)

佳塑塑料制品有限公司
领 料 单
No.008204

领用部门：
用　途：　　　　　　　　　　　年　月　日　　　　　　　　仓库：_____

材 料 类 别	材 料 名 称	计量单位	数　量		金　额		
			请　领	实　领	单位成本	总 成 本	
							②记账联
备　注					合　计		

仓库保管员：×××　　　　　领料部门主管：×××　　　　　　　领料人：

佳塑塑料制品有限公司
领 料 单
No.008205

领用部门：
用　途：　　　　　　　　　　　年　月　日　　　　　　　　仓库：_____

材 料 类 别	材 料 名 称	计量单位	数　量		金　额		
			请　领	实　领	单位成本	总 成 本	
							②记账联
备　注					合　计		

仓库保管员：×××　　　　　领料部门主管：×××　　　　　　　领料人：

佳塑塑料制品有限公司
领 料 单
No.008206

领用部门：
用　途：　　　　　　　　　　　年　月　日　　　　　　　　仓库：_____

材 料 类 别	材 料 名 称	计量单位	数　量		金　额		
			请　领	实　领	单位成本	总 成 本	
							②记账联
备　注					合　计		

仓库保管员：×××　　　　　领料部门主管：×××　　　　　　　领料人：

佳塑塑料制品有限公司
领　料　单

No.008207

领用部门：

用　途：　　　　　　　　　　年　月　日　　　　　　仓库：_____

材料类别	材料名称	计量单位	数量		金额	
			请领	实领	单位成本	总成本
备注				合计		

② 记账联

仓库保管员：×××　　　　领料部门主管：×××　　　　　　领料人：

经济业务(9)

中国工商银行上海市分行

支票号码：MN205322

附加信息_____

_____

_____

出票日期：　年　月　日

收款人：

金　额：

用　途：

中国工商银行上海市分行支票　支票号码：MN205322

出票日期(大写)：　　年　月　日　　付款行名称：

收款人：　　　　　　　　　　　　　出票人账号：

人民币(大写)	千	百	十	万	千	百	十	元	角	分

用途_____

上列款项请从

我账户内支付

出票人签章

复核

记账

验印

经济业务（10）

上海增值税专用发票

3100290378

No 18008549

开票日期：2019 年 1 月 14 日

购买方	名　　称：佳塑塑料制品有限公司 纳税人识别号：310108001567123 地址、电话：上海市文汇南路 2280 号；67701111 开户行及账号：工行松江支行文汇分理处 252-69014925	密码区	2465*312+-/864< 05+-<804/3115>0 302+92+-<*8214 06++/7625+2->41	版本：01 3100290378 18008549

货物或应税劳务、服务名称	规格型号	单位	数量	单价	金额	税率	税额
聚丙烯(PP)	T30S	千克	5 000	8.90	¥44 500.00	16%	¥7 120.00
聚乙烯(PE)	LDPE2468	千克	4 500	13.90	¥62 550.00	16%	¥10 008.00
合　计					¥107 050.00		¥17 128.00

价税合计（大写）　壹拾贰万肆仟壹佰柒拾捌元零角零分　　（小写）¥124 178.00

销售方	名　　称：信实化工科技有限公司 纳税人识别号：310145676781714 地址、电话：上海市江桥路 866 号；67293256 开户行及账号：农行黄浦支行 355-04183762	备注	

收款人：　　　复核：赵蕊　　　开票人：张彦博　　　销售方：（章）

上海增值税普通发票

3100156112

No 08026970

开票日期：2019 年 1 月 14 日

购买方	名　　称：佳塑塑料制品有限公司 纳税人识别号：310108001567123 地址、电话：上海市文汇南路 2280 号；67701111 开户行及账号：工行松江支行文汇分理处 252-69014925	密码区	21*1<>-12*D16>12/344 8402-+4*-8>018/5/1 -12>0/*8-2*4->0>102 72+<1*-2+22-1-14*-	版本：01 3101156112 08026970

货物或应税劳务、服务名称	规格型号	单位	数量	单价	金额	税率	税额
短途运费	聚丙烯	千克	5 000	0.090 91	¥454.55	10%	¥45.45
	聚乙烯	千克	4 500	0.090 91	¥409.09	10%	¥40.91
合　计					¥863.64		¥86.36

价税合计（大写）　零拾零万零仟玖佰伍拾零元零角零分　　（小写）¥950.00

销售方	名　　称：上海黄浦运输公司 纳税人识别号：310014378120915 地址、电话：上海市浦山东路 76 号；33205449 开户行及账号：工行上海分行 267-11907534	备注	

收款人：王小玉　　　复核：赵蕊　　　开票人：赵　蕊　　　销售方：（章）

佳塑塑料制品有限公司
运费计算分配表

年　月　日　　　　　　　　　　　　　　　　　　　　单位：元

项　　目	分配标准	分　配　率	分配金额
聚丙烯(PP)(千克)			
聚乙烯(PE)(千克)			
合　　计			

制表人：×××

佳塑塑料制品有限公司
收　料　单

No.00842

供货单位：
发票号码：　　　　　　　　　　年　月　日　　　　　　　仓库：＿＿＿＿＿

材料类别	材料名称	计量单位	数　量		金　　额	
			应　收	实　收	单位成本	总成本
备　注					合　计	

②记账联

验收：×××　　　　　　　仓库保管员：×××　　　　　　制单：×××

经济业务(11)

佳塑塑料制品有限公司
工　资　发　放　单

发放日期：2019年01月15日　　　　2018年12月　　　　　　　　第1页共1页

序号	姓　名	基本工资	岗位工资	奖　金	应付职工工资	应扣金额	实发工资 万千百十元角分	领款人签字或盖章
1	郭　林	5 000	3 000	800	8 800		8 8 0 0 0 0	郭　林
2	李小丽	2 000	700	400	3 100		3 1 0 0 0 0	李小丽
3	左　嘉	2 000	500	400	2 900		2 9 0 0 0 0	左　嘉
4	刘　亮	2 500	500	400	3 400		3 4 0 0 0 0	刘　亮
5	张　芳	2 700	500	400	3 600		3 6 0 0 0 0	张　芳
6	魏　晓	2 800	500	400	3 700		3 7 0 0 0 0	魏　晓
7	张　颖	2 800	500	400	3 700		3 7 0 0 0 0	张　颖
8	刘平原	3 500	500	400	4 400		4 4 0 0 0 0	刘平原
9	李　捷	3 200	500	400	4 100		4 1 0 0 0 0	李　捷

(续表)

序号	姓 名	基本工资	岗位工资	奖 金	应付职工工资	应扣金额	实发工资 万千百十元角分	领款人签字或盖章
10	肖 平	1 800	500	400	2 700		2 7 0 0 0 0	肖 平
11	刘 利	2 000	500	400	2 900		2 9 0 0 0 0	刘 利
12	单 玉	2 300	500	400	3 200		3 2 0 0 0 0	单 玉
13	梁 校	1 800	300	200	2 300	70	2 2 3 0 0 0	梁 校
14	饶波涛	1 800	300	200	2 300		2 3 0 0 0 0	饶波涛
15	李 晴	1 800	300	200	2 300		2 3 0 0 0 0	李 晴
16	熊霞长	1 800	300	200	2 300		2 3 0 0 0 0	熊霞长
17	欧阳冲	1 800	300	200	2 300		2 3 0 0 0 0	欧阳冲
18	白 璐	1 800	300	200	2 300		2 3 0 0 0 0	白 璐
19	何 惠	1 800	300	300	2 400		2 4 0 0 0 0	何 惠
20	武 东	1 500	300	300	2 100		2 1 0 0 0 0	武 东
	以下空白							
	合 计				64 800		6 4 7 3 0 0 0	

财务主管：张 颖　　　　复核：张 颖　　　　出纳：肖 平　　　　制表：刘 利

中国工商银行上海市分行

支票号码：MN205323

附加信息
_____
_____
_____
_____

出票日期：　年　月　日
收 款 人：_____
金　　额：_____
用　　途：_____

中国工商银行上海市分行支票　　支票号码：MN205323

出票日期（大写）：　年　月　日　付款行名称：
收款人：　　　　　　　　　　　　出票人账号：

人民币
（大写）　　　　　　　　　千百十万千百十元角分

用途_____
上列款项请从　　　　　　　　　　　复核
我账户内支付　　　　　　　　　　　记账
出票人签章　　　　　　　　　　　　验印

经济业务(12)

中华人民共和国
所得税缴款书

沪税电字:4328659

税票号:0400076529　　所属时期:2018.12.01—2018.12.31　　级次　　企业编码:370743926

纳税单位(人)	佳塑塑料制品有限公司			主管部门	
地　　址	上海市文汇南路2280号			经济类型	有限责任公司
开户银行	工行松江支行文汇分理处	账号	252-69014925		
行业及品目名称		课税数量	计税金额或销售额	税率(%)单位税额	已缴或扣除额	实缴税额(基金)
工业制品生产经营所得及其他所得			85 536.00	25		21 384.00
合计金额人民币(大写)	贰万壹仟叁佰捌拾肆元整					21 384.00
逾期　天,每天按税款　千分之二　加收滞纳金						
总计金额人民币(大写)	贰万壹仟叁佰捌拾肆元整					21 384.00
完税证(发货票)		份,起讫号码:				

收入机关	税种标识	缴款单位如以此联代传票,分录如下	收款银行
第七税务分局四所 04　经办人:金佳维　专:杨坤	所		中国工商银行上海市分行松江支行文汇分理处业务章 2019.1.16　　年　月　日
填票日期:2019年1月16日			缴款限期:2019年1月20日

第五联　收据联(国库或经收处收款盖章后退纳税人)

经济业务(13)

佳塑塑料制品有限公司
领　料　单

No.008208

领用部门:　　　　
用　途:　　　　　年　月　日　　　　仓库:_____

材料类别	材料名称	计量单位	数量		价格	
			请领	实领	单位成本	总成本
备注					合计	

仓库保管员:×××　　　　领料部门主管:×××　　　　领料人:

② 记账联

经济业务(14)

中国农业银行上海市分行支票

支票号码：AB691025

出票日期(大写)：贰零壹玖年零壹月壹拾捌日
付款行名称：农行静安支行
收款人：佳塑塑料制品有限公司
出票人账号：316-674225300

人民币（大写）：捌万元整　　　　　　　　　　￥80000000

用途：偿还货款

用财务专章　货公司　南方百

铭李印嘉

复核
记账
验印

上列款项请从我账户内支付
出票人签章

中国工商银行上海市(　　)进账单(回单) ①

科目：			年 月 日	对方科目：	
款项来源			收款人	全称	
款项种类	票据(分页填写)			账号	
人民币：（大写）					千百十万千百十元角分
托收票据目录第1页	共　页	票据种类	金额		
付款单位账号	凭证号码		十万千百十元角分		
			(收款银行盖章)		

此联由银行盖章后退回单位

注意：
（1）解入票据须俟收妥后方可用款
（2）本联于款项收妥后代收账通知

经济业务(15)

委托银行收款凭证（付款通知）

④ 专用 No. 516015
托收号码：14792236

委托日期 2019 年 1 月 22 日

此联是付款单位开户银行给付款单位的付款通知

付款人	全称	佳塑塑料制品有限公司	收款人	全称	上海市电力供应公司营业所
	账号	252-69014925		账号	247-01692980
	开户银行	工行松江支行文汇分理处		开户银行	工行上海市分行营业部

金额	人民币（大写）	壹万零叁佰肆拾柒元贰角整	千百十万千百十元角分 ￥1 0 3 4 7 2 0

结算原因	电费	合同号码	598165	附寄单证张数	

会计分录
（　）＿＿＿＿＿
　　对方科目（　）＿＿＿＿＿

会计　出纳　复核　记账

上列款项已根据收款单位委托从你单位账户付出：

中国工商银行上海市分行长宁
支行红霞分理处业务章 2019.1.22

（付款单位开户银行盖章）

上海增值税专用发票

3100290378

发票联

No 11644418

开票日期：2019 年 1 月 22 日

购买方	名称	佳塑塑料制品有限公司	密码区	<41>81380-6>520/* 版本:01
	纳税人识别号	310108001567123		4602-*1<0/8/-<<49
	地址、电话	上海市文汇南路2280号；67701111		2>1/2-2+4->0>1*2 3100290378
	开户行及账号	工行松江支行文汇分理处 252-69014925		</2-76->-987/2-53 11644418

货物或应税劳务、服务名称	规格型号	单位	数量	单价	金额	税率	税额
电费	2018 年 12 月		12 278	0.726 5	￥8 920.00	16%	￥1 427.20
合　计					￥8 920.00		￥1 427.20

价税合计（大写）	零拾壹万零仟叁佰肆拾柒元贰角零分	（小写）￥10 347.20

销售方	名称	上海市电力供应公司营业所	备注	委托银行收款凭证（付款通知）
	纳税人识别号	310315678121617		号码：516015
	地址、电话	上海市昆山南路619号；83140028		310315678121617
	开户行及账号	工行上海市分行营业部 247-01692980		发票专用章

收款人：　　复核：王宏　　开票人：丁建华　　销售方：（章）

第二联：抵扣联　购买方扣税凭证

佳塑塑料制品有限公司
电费分配计算表

　　　　　　　　　　　　　　　年　　月　　　　　　　　　　单位：元

部　门	应借科目	分配比例	金　额
生产车间	制造费用		
行政管理部门	管理费用		
小　计			
应交税费——应交增值税（进项税额）			
合　计			

制表人：×××

经济业务（16）

上海增值税普通发票

3100100789　　　　　　　发票联　　　　　　　No 00006258

开票日期：2019 年 1 月 12 日

购买方	名　称：佳塑塑料制品有限公司 纳税人识别号：310108001567123 地址、电话：上海市文汇南路 2280 号；67701111 开户行及账号：工行松江支行文汇分理处 252-69014925	密码区	+<1032+10-18 21*-<>97 *4438-10*17/624633*/< 2576 -<>079/8/33-+7 41>3/*625*5-4>1133>0>	版本：01 3100100789 00006258

货物或应税劳务、服务名称	规格型号	单位	数量	单价	金额	税率	税额
横式广告	RT-602		1	3 254.72	¥3 254.72	6%	¥195.28
合　计					¥3 254.72		¥195.28

价税合计（大写）	零万叁仟肆佰伍拾零元零角零分	（小写）¥3 450.00

销售方	名　称：上海时代广告公司 纳税人识别号：310044101432164 地址、电话：上海市江宁路 365 号 83501234 开户行及账号：农行闸北营业部 4246-11345784539	备注	上海时代广告公司 310044101432164 发票专用章

收款人：陈小雅　　　复核：　　　开票人：任志贤　　　销售方：（章）

第三联：发票联　购买方记账凭证

中国工商银行上海市分行贷记凭证

贷记凭证 BF42003499
（回单联） 1

凭证号码 BF42003499
2

签发日期： 年 月 日

签发日期（大写） 年 月 日

付款人	全称		收款人	全称	
	账号			账号	
	开户银行			开户银行	

人民币（大写）　　千百十万千百十元角分

用途＿＿＿＿＿

上列款项请从
我账户内支付

付款人签章

复核　记账　验印

①此联作付款人回单
②此联作付款人开户行借方凭证

付款人
账号
开户行
人民币
收款人
账号
开户行
用途
单位主管　会计　复核　记账

经济业务（17）

上海增值税普通发票

3100189808　　发票联　　No 04099724

开票日期：2019年1月24日

购买方	名　称： 佳塑塑料制品有限公司	密码区	1+＜2208+07-25-18＊-	版本：01
	纳税人识别号：310108001567123		5＊1865-＊＞23/39702＊567	3100189808
	地址、电话：上海市文汇南路2280号；67701111		02472＊-＜＞091/6/14-＋	04099724
	开户行及账号：工行松江支行文汇分理处 252-69014925		-21＞1/＊633＊4-4＞1801	

货物或应税劳务、服务名称	规格型号	单位	数量	单价	金额	税率	税额
餐费				579.53	￥579.53	6%	￥34.77
合　计					￥579.53		￥34.77

价税合计（大写）　零万零仟陆佰壹拾肆元叁角零分　　（小写）￥614.30

销售方	名　称： 上海稻香饭店	备注	上海稻香饭店 310852218910064 发票专用章
	纳税人识别号：310852218910064		
	地址、电话：上海市武昌路623号五楼　62867038-114		
	开户行及账号：建行卢办马分处 211-06722858		

收款人：　　　复核：　　　开票人：舒小淇　　　销售方：（章）

第三联：发票联　购买方记账凭证

佳塑塑料制品有限公司付款凭单

编号_____

年　　月　　日　　　　　　　附单据　　张

受款单位	
付款用途	
金　额	人民币（大写）　　　　　　　　￥

财务主管　　记账　　出纳　　部门主管　　制单×××　　领款人签字盖章×××

经济业务(18)

（流动资金贷款）还款凭证(回　单)　　④

原借款凭证
单位编号：A008　　　　日期：2019年1月25日　　原借款凭证银行号：0128

此联转账后作回单，退借款单位并代往来户支款通知。

付款人	名　称	同　右	借款人	名　称	佳塑塑料制品有限公司
	往来户账号	252-69014925		放款户账号	25260017943214
	开户银行	工行上海分行松江支行		开户银行	工行上海分行松江支行

计划还款日期	2019年1月25日	还款次序	第　　次还款

借款金额	人民币（大写）：壹拾壹万元整	千百十万千百十元角分 ￥1 1 0 0 0 0 0 0

还款内容	到期还款

备注：	上述借款已从你单位往来账户内转还　此致借款单位

中国工商银行上海市分行松江支行文汇分理处业务章 2019.1.25　（银行盖章）　年　月　日

中国工商银行上海市(252)计收利息清单(付款通知)

账号　252-69014925　　　　2019年1月25日

单位名称	佳塑塑料制品有限公司	结算户	69014925

计息起讫日期	2018/12/25～2019/01/24

贷款户账号	计算总积数	利率	利息金额
2526001794324	3 300 000.00	8.927	982.00

你单位上述应偿借款利息已从你单位账户划出 此致 借款单位（银行盖章）

中国工商银行上海市分行松江支行文汇分理处业务章 2019.1.25

复核　　　记账

经济业务(19)

中国银行上海市分行支票

支票号码:AD201369

出票日期(大写):贰零壹玖年零壹月贰拾捌日　　付款行名称:中行徐汇支行
收款人:佳塑塑料制品有限公司　　　　　　　　出票人账号:320-76440532

人民币(大写)	壹拾陆万玖仟叁佰陆拾元整	千	百	十万	千	百	十	元	角	分
		¥	1	6	9	3	6	0	0	0

用途：购货款

上列款项请从
我账户内支付
出票人签章

用财货瑞
务公信
章专司百

明刘
印光

复核
记账
验印

上海增值税专用发票

3100091025　　　　　　　　　　　　　　　　　　　　　No 00143377

此联不作报销、扣税凭证使用

开票日期：

购买方	名　　　　称： 纳税人识别号： 地　址、电　话： 开户行及账号：	密码区	（略）

货物或应税劳务、服务名称	规格型号	单位	数量	单价	金额	税率	税额
合　计							

价税合计(大写)	（小写）

销售方	名　　　　称： 纳税人识别号： 地　址、电　话： 开户行及账号：	备注	

收款人：　　　　复核：　　　　开票人：　　　　销售方：(章)

第一联：记账联　销售方记账凭证

中国工商银行上海市（　　）进账单(回单)　①

科目：					年　月　日	对方科目：									

款项来源			收款人	全　称									
款项种类	票据(分页填写)			账　号									
人民币：(大写)					千	百	十	万	千	百	十	元	角	分

托收票据目录第1页	共　页	票据种类	金　额							
付款单位账号	凭证号码		十	万	千	百	十	元	角	分
			(收款银行盖章)							

此联由银行盖章后退回单位

注意：(1)解入票据须俟收妥后方可用款　(2)本联于款项收妥后代收账通知

佳塑塑料制品有限公司
产　品　出　库　单　　　　No.13873

接受单位：
用　途：　　　　　　　　　年　月　日　　　　仓库：＿＿＿＿

产品名称或型号	计量单位	数　量	金　　额	
			单位成本	总成本
备注			合　计	

仓库管理员：×××　　　接受单位经手人：×××　　　制单：×××

② 记账联

经济业务(20)

佳塑塑料制品有限公司
财产物资盘盈盘亏报告单

类别：存货　　　　　2019年1月28日

名　称	规格	单位	单价	账面数		清点数		盘盈		盘亏		备注
				数量	金额	数量	金额	数量	金额	数量	金额	
原材料聚丙烯	T30S	千克	9.00	1000		950				50		
合　计	×	×	×	×	×	×	×	×	×			

第一联

分析原因：　　　　　　　　　　　审批意见：

单位(盖章)：　　　财务科负责人：　　　制表：

经济业务(21)

（贷款）借款凭证（回单） ③

单位编号：A008　　　　　　日期：2019年1月29日　　　　　　银行编号：0179

借款人	名称	同右	收款人	名称	佳塑塑料制品有限公司
	放款户账号	252-03061173		往来户账号	252-69014925
	开户银行	松江支行文汇分理处		开户银行	松江支行文汇分理处

借款期限（最后还款日）	2019年4月29日	借款计划指标	
借款申请金额	人民币（大写）：伍万元整		￥5 0 0 0 0 0 0（千百十万千百十元角分）
借款原因及用途	生产经营周转用	银行核定金额：	￥5 0 0 0 0 0 0

期限	计划还款日期	√	计划还款金额	分次还款记录	期次	还款日期	还款金额	结欠
1	2019年4月29日		50 000.00					
2								
3								
4								

备注		上述借款业已同意贷给并转入你单位往来户账借款到期时应按期归还此致
		借款单位　中国工商银行上海市分行 松江支行业务章 2019.1.29 （银行盖章）2019年1月29日

此联系核定放款回单代借款单位往来户收款通知

经济业务(22)

上海增值税普通发票

3100963124　　　　　　　　　　　　　　　　　　　　　　No 01347163

（发票联 国家税务总局监制）

开票日期：2019年1月30日

购买方	名　　　　称：佳塑塑料制品有限公司	密码区	−30<41>8913−6>520/5 67−4602−2*1/8/−<< 45452>1/62−4−>0>1* 18*</2−786−987/2−5	版本：01 3100963124 01347163
	纳税人识别号：310108001567123			
	地址、电话：上海市文汇南路2280号；67701111			
	开户行及账号：工行松江支行文汇分理处252−69014925			

货物或应税劳务、服务名称	规格型号	单位	数量	单价	金额	税率	税额
低帮安全鞋	040908	双	25	85.47	￥2 136.75	16%	￥341.88
耐高温手套	228065	双	20	52.69	￥1 053.80	16%	￥168.61
防护口罩	385269	只	40	6.809 5	￥272.38	16%	￥43.58
合　计					￥3 462.93		￥554.07

价税合计（大写）	零拾零万肆仟零佰壹拾柒元零角零分	（小写）￥4 017.00

销售方	名　　　　称：上海诚明劳动防护用品有限公司	备注	上海诚明劳动防护用品有限公司 310865671418606 发票专用章
	纳税人识别号：310865671418606		
	地址、电话：上海市古平中路572号　65001672		
	开户行及账号：建行徐汇支行252−76081248		

收款人：李大捷　　　复核：　　　开票人：王　明　　　销售方：（章）

第三联：发票联　购买方记账凭证

中国工商银行上海市分行		中国工商银行上海市分行支票 支票号码：MN205324														
支票号码：MN205324		出票日期(大写)： 年 月 日 付款行名称：														
附加信息 _____		收款人： 出票人账号：														
_____		人民币(大写)				千	百	十	万	千	百	十	元	角	分	
_____																
出票日期： 年 月 日		用途 _____											复核			
收 款 人： _____		上列款项请从											记账			
金 额： _____		我账户内支付											验印			
用 途： _____		出票人签章														

经济业务(23)

佳塑塑料制品有限公司
财产物资盘盈盘亏报告单

类别：存货　　　　　　　　　　　　2019 年 1 月 30 日

名 称	规格	单位	单价	账 面 数		清 点 数		盘 盈		盘 亏		备注
				数量	金额	数量	金额	数量	金额	数量	金额	
原材料聚丙烯	T30S	千克	9.00	1 000	9 000	950	8 550			50	450	第二联
合 计	×	×	×	×	9 000	×	8 500	×		×	450	

原因分析： 系领发材料中的计量差错	审批意见： 批准转入管理费用。 生产副厂长：赵广平 2019 年 1 月 30 日
单位(盖章) 佳塑塑料制品有限公司 财务专用章	财务主管：张 颖　　制表：李 晴

经济业务(24)

生产成本计算表

产品：整理箱JL-1　　　　　　2019年1月　　　　　　　　　　单位：元

成本项目	直接材料	直接人工	制造费用	合　计
月初在产品成本				
本月生产费用				
生产费用累计				
月末在产品成本				
完工产品总成本				
完工产品单位成本				

生产成本计算表

产品：塑料筐JK-2　　　　　　2019年1月　　　　　　　　　　单位：元

成本项目	直接材料	直接人工	制造费用	合　计
月初在产品成本				
本月生产费用				
生产费用累计				
月末在产品成本				
完工产品总成本				
完工产品单位成本				

经济业务(25)

佳塑塑料制品有限公司
职工薪酬分配表

　　　　　　　　　　　　　　年　月　　　　　　　　　　单位：元

借项		贷项	应付职工薪酬
部门	科目	产品	
生产车间	生产成本	整理箱JL-1	
		塑料筐JK-2	
		小　计	
	制造费用		
行政部门	管理费用		
总　计			

制表人：×××

经济业务(26)

佳塑塑料制品有限公司
固定资产分类折旧计算表

2019年1月

固定资产类别	使用部门	固定资产原值	平均月折旧率	折旧额
房屋建筑物	生产车间	149 600	2.5‰	374.00
	行政管理部门	273 000		682.50
	小　计	422 600		1 056.50
设　备	生产车间	255 900	10‰	2 559.00
	行政管理部门	20 820		208.20
	小　计	276 720		2 767.20
合　　计		699 320	—	3 823.70

制表人：×××

佳塑塑料制品有限公司
固定资产折旧汇总表

年　月　　　　　　　　　　　　　　　单位：元

固定资产使用部门	固定资产原值	本月应提折旧额
生　产　车　间		
行政管理部门		
合　　计		

制表人：×××

经济业务(27)

佳塑塑料制品有限公司
生产车间制造费用分配表

年　月

项　目	生产工时	制造费用	
		分配率	金　额
合　计		—	

制表人：×××

经济业务(28)

佳塑塑料制品有限公司
产 品 入 库 单

No.014279

交库单位：　　　　　　　　　年　月　日　　　　　　　仓库：_____

产品名称或型号	计量单位	送检数量	数量		实收数量
			检验合格	检验不合格	
备　注					

验收：×××　　仓库保管员：×××　　车间负责人：×××　　制单：×××

② 记账联

佳塑塑料制品有限公司
产 品 入 库 单

No.014280

交库单位：　　　　　　　　　年　月　日　　　　　　　仓库：_____

产品名称或型号	计量单位	送检数量	数量		实收数量
			检验合格	检验不合格	
备　注					

验收：×××　　仓库保管员：×××　　车间负责人：×××　　制单：×××

② 记账联

经济业务(29)

佳塑塑料制品有限公司
库存商品发出汇总表

年　月

产品名称或型号	本　期　销　售			
	借 记 科 目	数量(只)	单位生产成本	金　额
合　计		—		—

制表人：×××

经济业务(30)

佳塑塑料制品有限公司
借款利息计算单

计息起讫日期：2019年1月1日至1月31日　　填制日期：2019年1月31日　　单位：元

借款合同编号	借款本金	月利率	月 积 数 计 算	月 利 息 额
LD2010091001	290 000.00	4.005‰	290 000.00×31＝8 990 000.00	8 990 000.00×4.005‰÷30≈1 200.00

制表人：刘利

经济业务(34)

资 产 负 债 表

会企01表

编制单位： ____年__月__日　　　　　　　　　　　　　　　　　单位：元

资　　产	期末余额	年初余额	负债和所有者权益(或股东权益)	期末余额	年初余额
流动资产：			流动负债：		
货币资金			短期借款		
交易性金融资产			交易性金融负债		
衍生金融资产			衍生金融负债		
应收票据及应收账款			应付票据及应付账款		
预付款项			预收款项		
其他应收款			合同负债		
存货			应付职工薪酬		
合同资产			应交税费		
持有待售资产			其他应付款		
一年内到期的非流动资产			持有待售负债		
其他流动资产			一年内到期的非流动负债		
流动资产合计			其他流动负债		
非流动资产：			流动负债合计		
债权投资			非流动负债：		
其他债权投资			长期借款		
长期应收款			应付债券		
长期股权投资			其中:优先股		
其他权益工具投资			永续债		
其他非流动金融资产			长期应付款		
投资性房地产			预计负债		
固定资产			递延收益		
在建工程			递延所得税负债		
生产性生物资产			其他非流动负债		
油气资产			非流动负债合计		
无形资产			负债合计		
开发支出			所有者权益(或股东权益)：		
商誉			实收资本(或股本)		
长期待摊费用			其他权益工具		
递延所得税资产			其中:优先股		
其他非流动资产			永续债		
非流动资产合计			资本公积		
			减：库存股		
			其他综合收益		
			盈余公积		
			未分配利润		
			所有者权益(或股东权益)合计		
资 产 总 计			负债和所有者权益(或股东权益)总计		

利 润 表

会企02表
编制单位：　　　　　　　　　　____年___月　　　　　　　　单位：元

项　　　　目	本期金额	上期金额
一、营业收入		
减：营业成本		
税金及附加		
销售费用		
管理费用		
研发费用		
财务费用		
其中：利息费用		
利息收入		
资产减值损失		
信用减值损失		
加：其他收益		
投资收益（损失以"－"号填列）		
其中：对联营企业和合营企业的投资收益		
净敞口套期收益（损失以"－"号填列）		
公允价值变动收益（损失以"－"号填列）		
资产处置收益（损失以"－"号填列）		
二、营业利润（亏损以"－"号填列）		
加：营业外收入		
减：营业外支出		
三、利润总额（亏损总额以"－"号填列）		
减：所得税费用		
四、净利润（净亏损以"－"号填列）		
（一）持续经营净利润（净亏损以"－"号填列）		
（二）终止经营净利润（净亏损以"－"号填列）		
五、其他综合收益的税后净额		
（一）不能重分类进损益的其他综合收益		
1. 重新计量设定受益计划变动额		
2. 权益法下不能转损益的其他综合收益		
……		
（二）将重分类进损益的其他综合收益		
1. 权益法下可转损益的其他综合收益		
2. 其他债权投资公允价值变动		
……		
六、综合收益总额		
七、每股收益：		
（一）基本每股收益		
（二）稀释每股收益		

现 金 流 量 表

主管部门 ××××××
企业名称
年 月

会企03表
金额单位:元

项目	本期金额	上期金额	项目	本月数	本年累计数
一、经营活动产生的现金流量			四、汇率变动对现金及现金等价物的影响		
销售商品、提供劳务收到的现金			五、现金及现金等价物净增加额		
收到的税费返还			加：期初现金及现金等价物余额		
收到其他与经营活动有关的现金			六、期末现金及现金等价物余额		
经营活动现金流入小计			补 充 资 料		
购买商品、接受劳务支付的现金			1. 将净利润调节为经营活动现金流量：		
支付给职工以及为职工支付的现金			净利润		
支付的各项税费			加：资产减值准备		
支付其他与经营活动有关的现金			固定资产折旧,油气资产折耗,生产性生物资产折旧		
经营活动现金流出小计			无形资产摊销		
经营活动产生的现金流量净额			长期待摊费用摊销		
二、投资活动产生的现金流量			处置固定资产、无形资产和其他长期资产的损失（收益以"一"号填列）		
收回投资收到的现金			固定资产报废损失（收益以"一"号填列）		
取得投资收益收到的现金			公允价值变动损失（收益以"一"号填列）		
处置固定资产、无形资产和其他长期资产收回的现金净额			财务费用（收益以"一"号填列）		
处置子公司及其他营业单位收到的现金净额			投资损失（收益以"一"号填列）		
收到其他与投资活动有关的现金			递延所得税资产减少（增加以"一"号填列）		
投资活动现金流入小计			递延所得税负债增加（减少以"一"号填列）		
购建固定资产、无形资产和其他长期资产支付的现金			存货的减少（增加以"一"号填列）		
投资支付的现金			经营性应收项目的减少（增加以"一"号填列）		
取得子公司及其他营业单位支付的现金净额			经营性应付项目的增加（减少以"一"号填列）		
支付其他与投资活动有关的现金			其他		
投资活动现金流出小计			经营活动产生的现金流量净额		
投资活动产生的现金流量净额			2. 不涉及现金收支的重大投资和筹资活动：		
三、筹资活动产生的现金流量			债务转为资本		
吸收投资收到的现金			一年内到期的可转换公司债券		
取得借款收到的现金			融资租入固定资产		
收到其他与筹资活动有关的现金			3. 现金及现金等价物净变动情况：		
筹资活动现金流入小计			现金的期末余额		
偿还债务支付的现金			减：现金的期初余额		
分配股利、利润或偿付利息支付的现金			加：现金等价物的期末余额		
支付其他与筹资活动有关的现金			减：现金等价物的期初余额		
筹资活动现金流出小计			现金及现金等价物净增加额		
筹资活动产生的现金流量净额					

第三部分 会计凭证、会计账簿示例及会计方法示范

一、常用会计凭证示例

(一) 现金支票示例

现金支票正面

现金支票反面

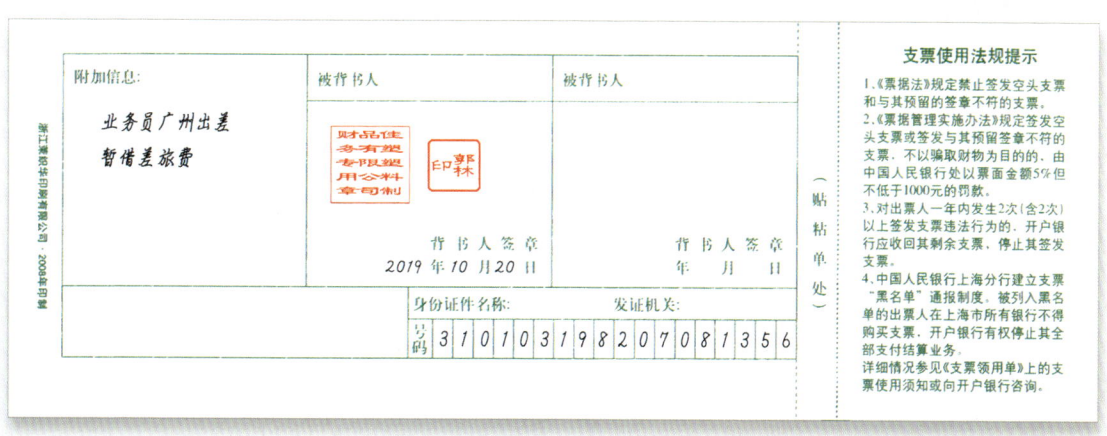

(二)转账支票示例

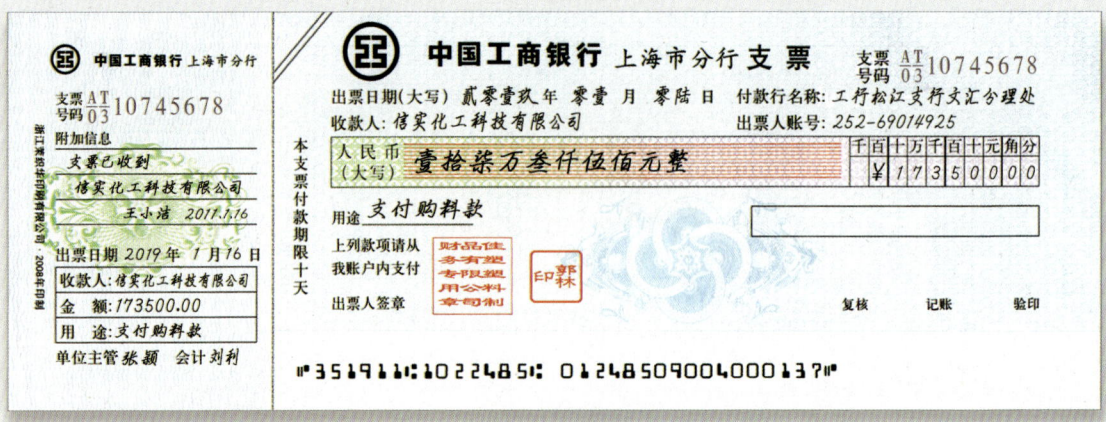

(三)贷记凭证示例
贷记凭证第一、第二联

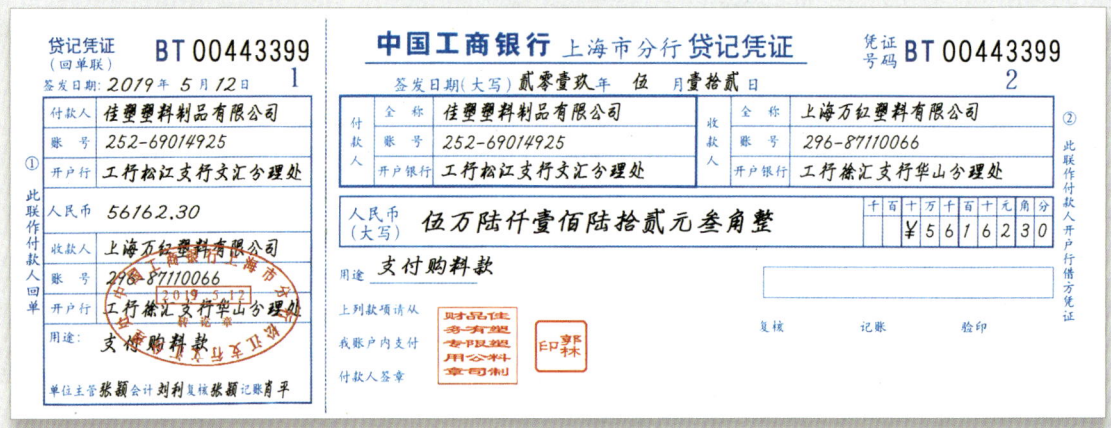

贷记凭证第三、第四联

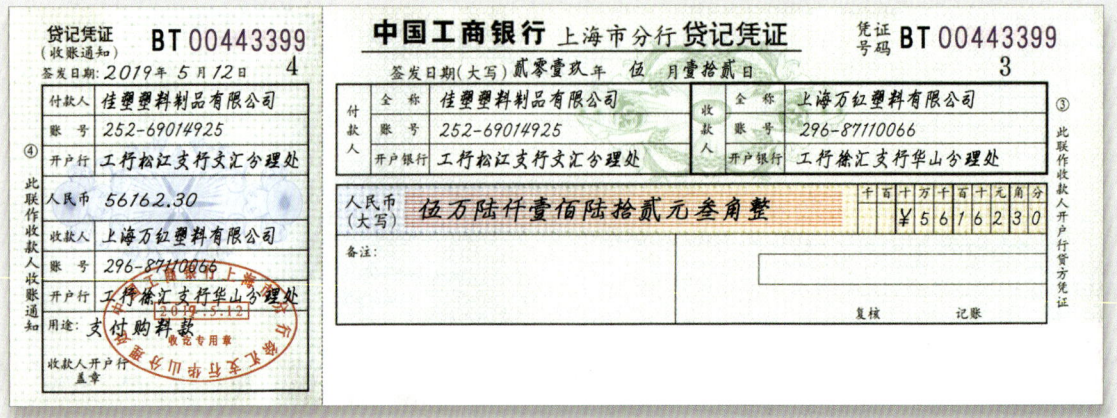

(四)增值税专用发票示例

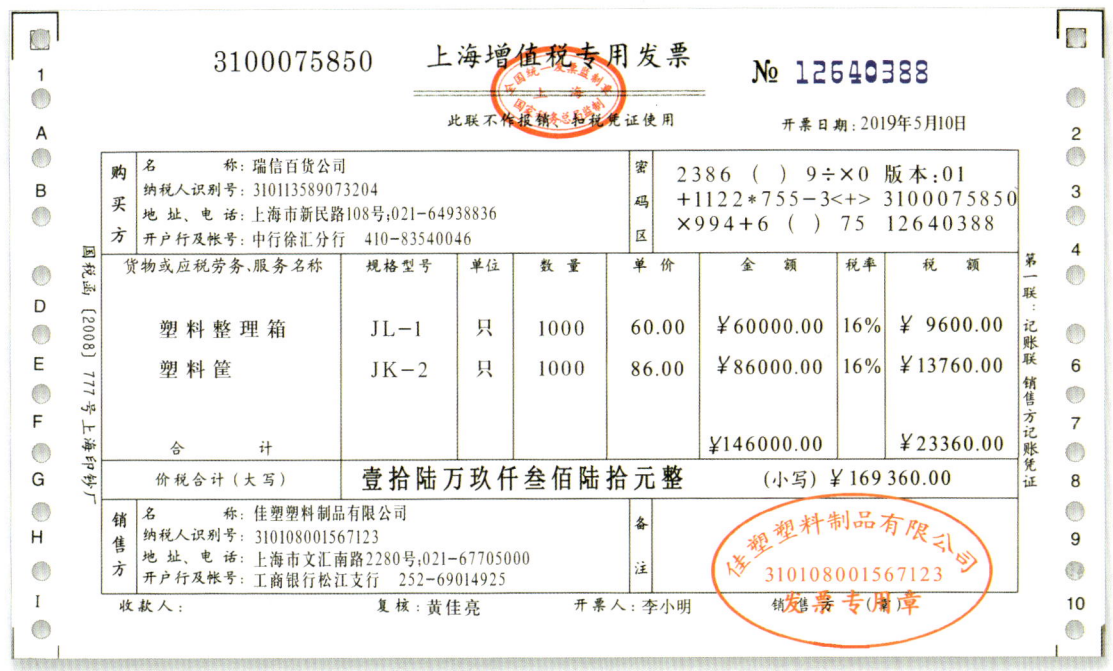

(五)增值税普通发票示例

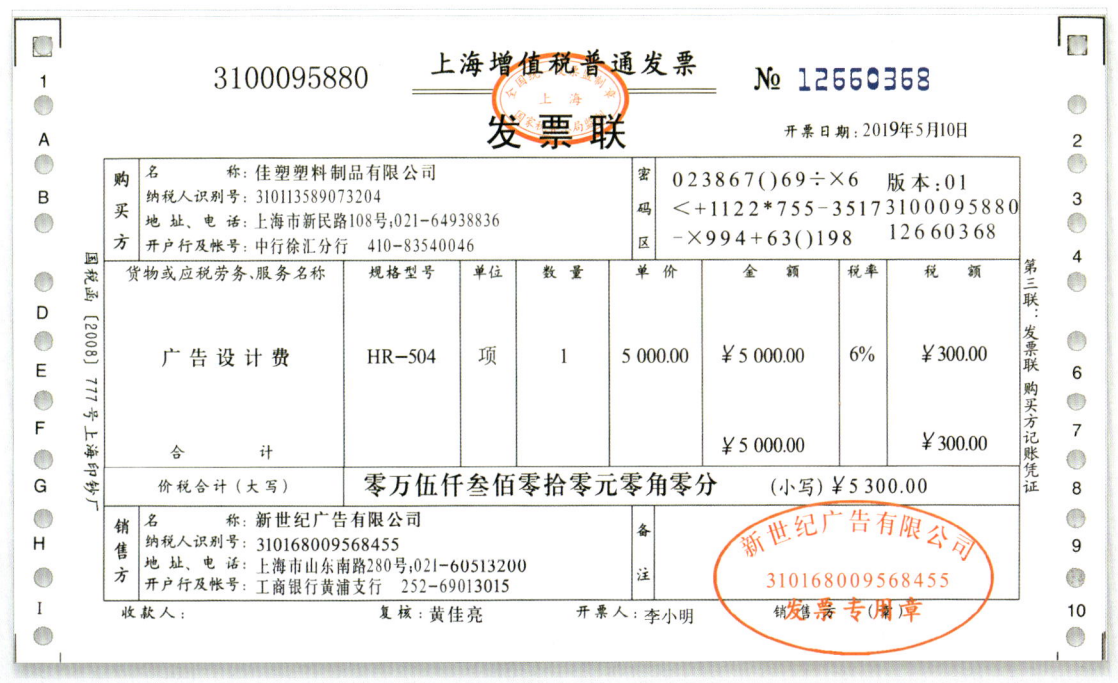

（六）收据示例

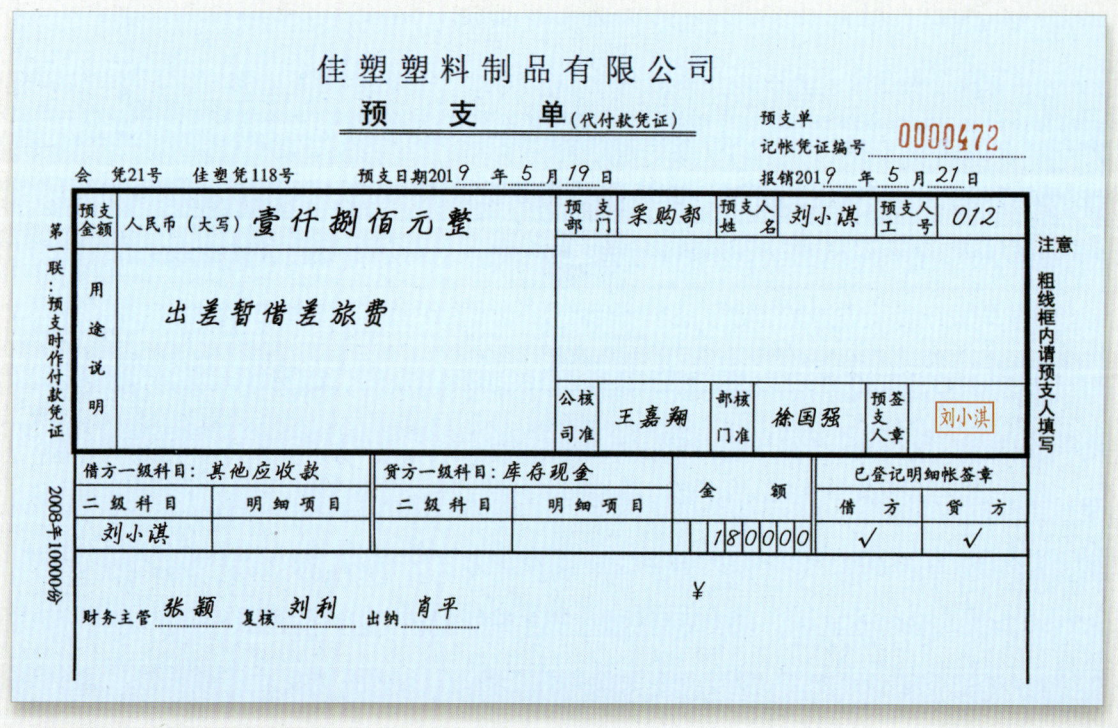

（七）预支单（借款单）示例

(八) 付款通知单(费用报销单)示例

佳塑塑料制品有限公司
付款通知单（代付款凭证）

部门编号 003
凭证编号 0217

组织部 车间(部室)　　通知：2019年5月19日　　记帐2019年5月19日

人民币(大写)	伍拾柒元整		请付给单位	组织部			附原始凭证 2 张
用途说明	外出调查差旅费		部门主管核准	经办人	签收人		
			黄振华	马建设	沈梅		

2008.4.10000张	应借一级科目：管理费用			应贷一级科目：库存现金			金额
	二级科目	明细项目	记帐签章	二级科目	明细项目	记帐签章	
	办公费						￥57.00

财务部　主管 张额　出纳 肖平　复核 刘利　记帐 肖平

共 1 页 第 1 页
总金额 ￥57.00
其他借方科目

注：此凭证具有原始凭证和记账凭证的双重作用。

(九) 限额领料单示例

佳塑塑料制品有限公司
限额领料单

No.48339

领用部门：生产车间
用途：JL-2产品生产领用　　2019年5月　　材料仓库

材料类别	材料名称	计量单位	单价	全月领用限额（千克）	全月实用	
					数量	金额
主要材料	聚乙烯	千克	14.00元/千克	6000	5550	77700

供应部门负责人：李捷　　生产计划部门负责人：张芳

日期	请领		实发			退库		限额结余（千克）
	数量	领料单位负责人	数量	发料人	领料人	数量	退库单编号	
5.4	500	郑伟	500	李平	黎明			5500
5.14	3000	郑伟	3000	李平	黎明			2500
5.27	1500	郑伟	1500	李平	黎明			1000
5.29	800	郑伟	750	李平	黎明			250
5.31		郑伟		李平	黎明	200	T-04539	450
合计	5800	—	5750	—		200		450

仓库负责人：刘亮

(十)领料单示例

佳塑塑料制品有限公司
领 料 单 NO.55782
2019年 5 月 17 日

领用部门：生产车间　　　　　　　　　　　　　　材料仓库
用途：JL-1产品生产领用

材料类别或名称	计量单位	数量		金额	
		请领	实领	单位成本	总成本
聚丙烯	千克	2000	2000	9.00元/千克	18,000.00
备 注				合计	18,000.00

仓库管理员：李小丽　　接受单位经手人：龚明　　制单：郑伟

第二联 记账联

(十一)产品入库单示例

佳塑塑料制品有限公司   No.56047
产品入库单
2019年 5 月 28 日

交库单位：生产车间　　　　　　　　　　　　　　成品仓库

产品名称或型号	计量单位	送检数量	数量		实收数量
			检验合格	检验不合格	
JL-1	只	2406	2403	3	2403
备 注					

验收：刘亮　　仓库管理员：李小丽　　车间负责人：张芳　　制单：赵刚

第二联 记账联

(十二)产品出库单示例

佳塑塑料制品有限公司　No.10135
产品出库单
2019年 5 月 29 日

接受单位：禾润百货公司　　　　　　　　　　　　成品仓库
用途：产品销售

产品名称或型号	计量单位	数量	金额	
			单位成本	总成本
JL-1	只	1000	48.00	48,000.00
JK-2	只	2000	64.00	64,000.00
备 注：			合 计	112,000.00

仓库管理员：李小丽　　接受单位经手人：龚明　　制单：郑伟

第二联 记账联

(十三) 收款凭证示例

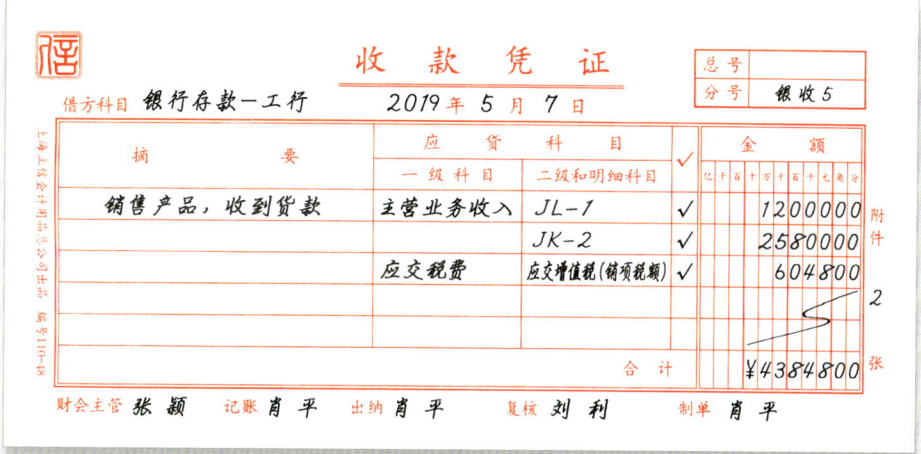

附件：(1) 增值税专用发票(记账联)一张。
　　　(2) 银行进账单(回单)一张。

(十四) 付款凭证示例

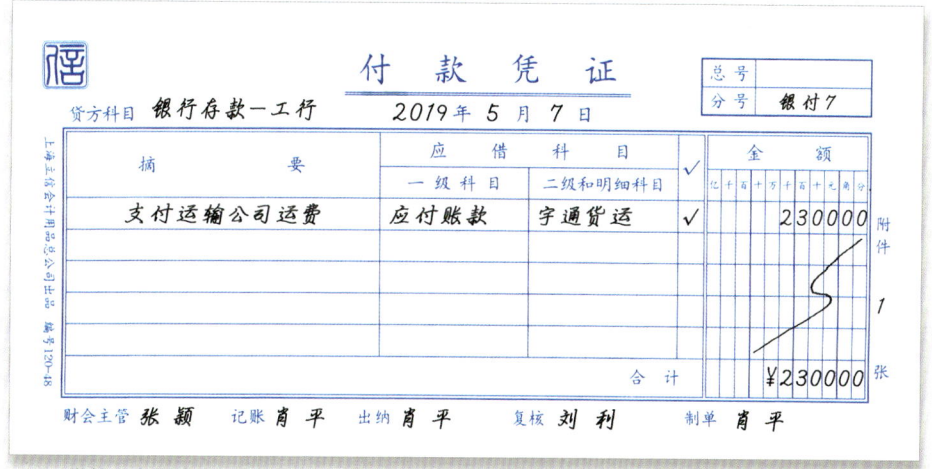

附件：支票存根一张。

(十五) 转账凭证示例

1. 单金额栏转账凭证示例

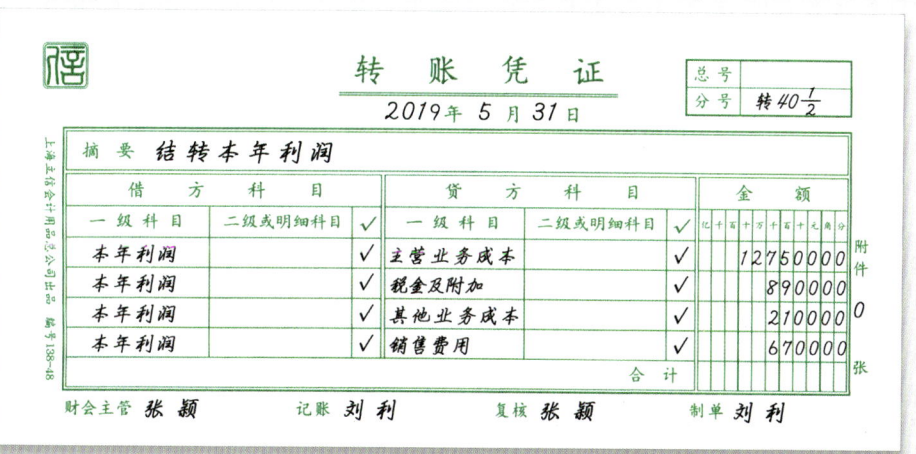

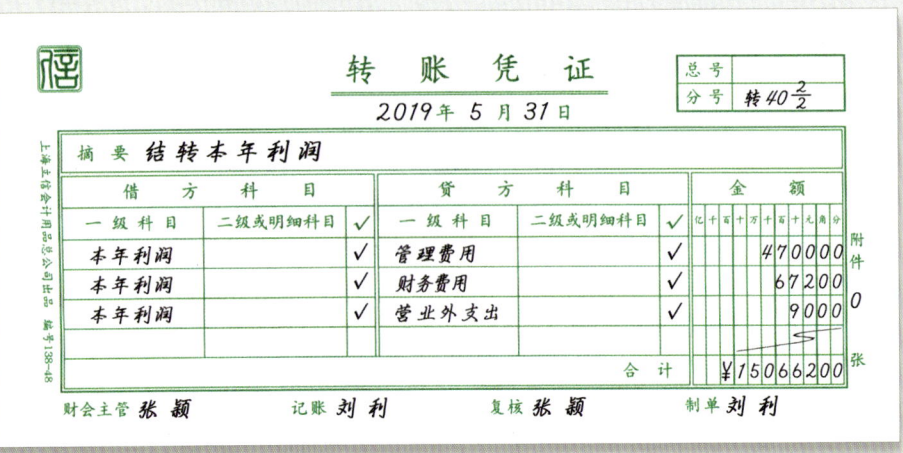

附件:无附件。该笔结账业务无原始凭证。

2.双金额栏转账凭证示例

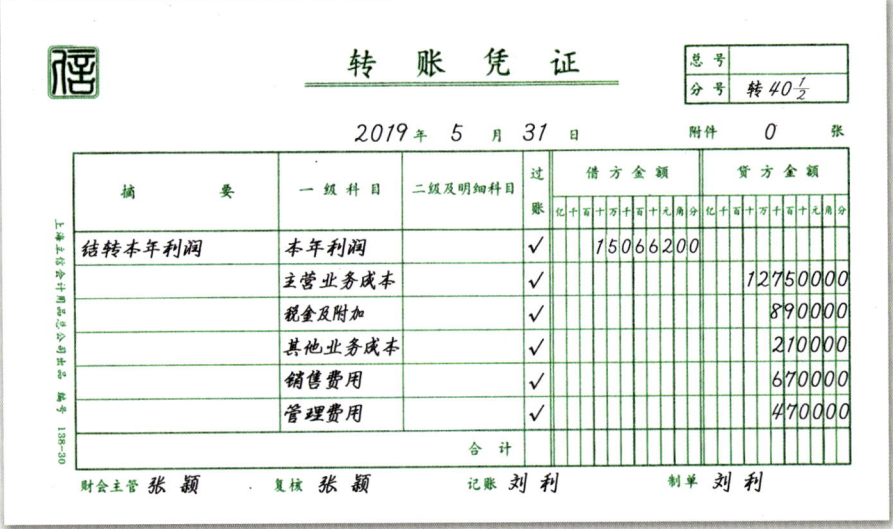

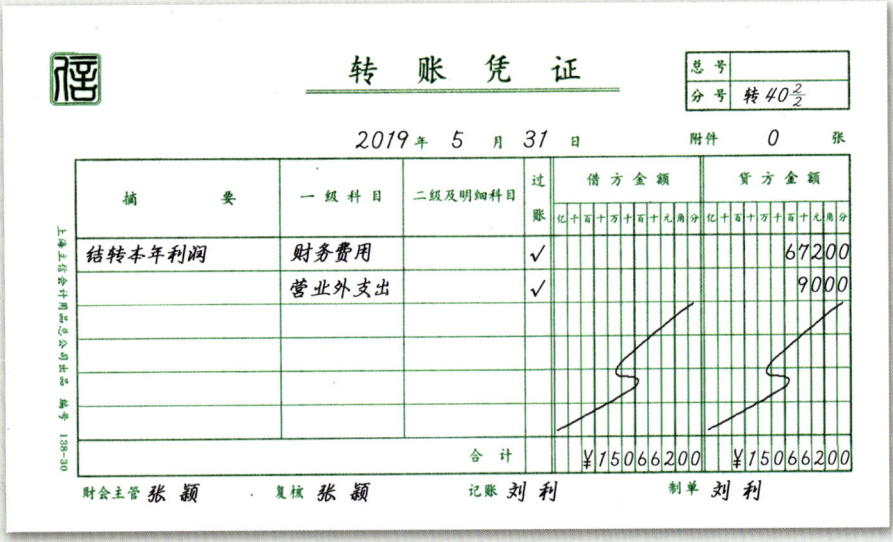

（十六）科目汇总表示例

科目汇总表

2019年5月1日至5月15日

编号：1

凭证号数	
现收	自第 01 号至 08 号止
现付	自第 01 号至 12 号止
银收	自第 01 号至 23 号止
银付	自第 01 号至 36 号止
币收	自第 01 号至 03 号止
币付	自第 01 号至 05 号止
转账	自第 01 号至 47 号止

会计科目	借方科目 千百十万千百十元角分	贷方科目 千百十万千百十元角分	会计科目	借方科目 千百十万千百十元角分	贷方科目 千百十万千百十元角分
库存现金	2 0 0 0 0 0	1 1 1 4 2 5	短期借款		1 2 0 0 0 0 0 0
银行存款	3 3 1 1 6 6 8 0	2 3 2 6 8 9 5 6	应付票据		3 6 5 0 8 6 8
其他货币资金	8 1 0 0 0 0 0 0	8 1 0 0 0 0 0 0	应付账款	7 8 1 7 9 4	5 7 8 7 7 9 4
应收票据	3 1 7 0 7 0 0 0		应付职工薪酬	7 9 5 3 2 5 9	2 3 4 8 9 1 1
应收账款	3 3 4 1 9 4 0 0	3 6 2 7 0 0 0	应交税费	1 4 0 1 8 8 6 2	1 0 3 2 9 7 0 5
预付账款	2 0 5 7 9 4 0		其他应付款	9 6 0 8 1	1 2 8 4 0 4 0
其他应收款	1 0 9 0 0 0 0	1 0 9 0 0 0	主营业务收入		7 2 2 0 4 3 4 0
在途物资	5 9 6 4 2 6 2 0		其他业务收入		1 4 0 0 0 0
固定资产	9 3 6 0 0 0 0		销售费用	3 2 6 4 3 0	
待处理财产损溢	3 6 0 4		管理费用	2 5 8 1 0 1 1	
			财务费用	2 3 5 8	
合 计	1 6 9 2 9 2 4 4	3 5 2 1 6 3 8 1	合 计	9 8 3 5 6 5 8	1 5 9 8 3 5 6 5 8
总 计	1 6 9 2 9 2 4 4		总 计	2 5 7 9 7 9 5	1 9 5 0 5 2 0 3 9
			平	1 9 5 0 5 2 0 3 9	1 9 5 0 5 2 0 3 9

财务主管　张　颖　　　　记账　张　颖　　　　复核　刘　利　　　　制表　肖　平

二、常用账页示例
（一）日记账示例

银行存款——工商银行

2019年		凭证号数	摘要	对方科目	借方（收入） 亿千百十万千百十元角分	贷方（付出） 亿千百十万千百十元角分	结存 亿千百十万千百十元角分
月	日						
5	15		承前页		3 1 9 2 6 3 8 0	2 1 3 7 2 8 3 9	4 5 7 0 4 5 8 1
		银付8	发放工资	财务费用		2 3 5 8	
		银付9	发付工会经费	管理费用		1 7 8 5 0 0	
		银付10	交纳失业保险费	应付职工薪酬		1 3 3 8 4 0	
		银付10	交纳失业保险费	应付职工薪酬		1 3 2 7 0 1	
		银付11	划转工会会费	其他应付款		6 6 3 5 1	
		银付12	购入材料	在途物资		2 9 7 3 0	
			购入材料	应交税费			
			购入材料	待处理财产损溢			
		银付13	支付货款	应付账款		4 8 8 9 9 9	
		银收8	销售产品	主营业务收入	1 1 9 0 3 0 0	7 8 2 4 0	
			销售产品			3 6 0 4	
		银付14	交纳养老保险费	应付职工薪酬		7 8 1 7 9 4	4 4 9 9 8 7 6 4
			交纳养老保险费			1 4 5 9 7 1 1	
		银付15	交纳住房公积金	其他应付款		5 3 0 8 0 4	
		银付16	交纳各种保险费	应付职工薪酬		4 6 4 4 5 4	
			交纳各种保险费	其他应付款		4 6 4 4 5 4	
			交纳医疗保险费	应付职工薪酬		8 6 2 5 5 6	
		银收9	收到货款	应收账款	2 8 1 0 5 2 6 0	1 3 2 7 0 1	
		银收10	预收货款	预收账款	4 8 0 0 0 0 0		7 3 9 8 9 3 4 4
16			转次页		6 6 0 2 1 9 4 0	2 7 1 8 3 6 3 6	7 3 9 8 9 3 4 4

(二) 三栏式明细账示例

应收账款明细分类账

分页 6 总页 ___

会计科目 应收账款
明细科目 甲厂

2019年		凭证		摘要	对应科目	借方	贷方	借/贷	余额
月	日	种类	号数			百十亿千百十万千百十元角分 ∨	百十亿千百十万千百十元角分 ∨		百十亿千百十万千百十元角分 ∨
5				承前页				借	2 3 4 0 0 0
	1	转	4	销售塑料整理箱200只,发票:03269011	主营业务收入	1 0 0 0 0 0 0			
					应交税费	1 2 0 0 0 0	2 0 3 0 0 0	借	3 7 3 2 0 0
	6	银收	15	收回货款,发票:03268978	银行存款		3 5 1 0 0 0	借	2 2 2 0 0
	7	转	12	销售塑料筐200只,发票:03269022	主营业务收入	1 9 2 0 0 0 王明杰			
					应交税费	1 7 2 0 0			
	11					2 7 5 2 0 0		借	2 2 1 7 2 0
	23	银收	36	收回货款,发票:03268995	银行存款		8 1 9 0 0 0	借	1 3 9 8 2 0
	25	银收	42	收回货款,发票:03269004	银行存款		8 1 9 0 0 0	借	5 7 9 2 0
				转次页		1 3 3 8 7 2 0 0	2 5 4 4 8 0 0	借	5 7 9 2 0

应收账款明细分类账

分页 7 总页 ___

会计科目 应收账款
明细科目 甲厂

2019年		凭证		摘要	对应科目	借方	贷方	借/贷	余额
月	日	种类	号数			百十亿千百十万千百十元角分 ∨	百十亿千百十万千百十元角分 ∨		百十亿千百十万千百十元角分 ∨
5	25			承前页		1 3 3 8 7 2 0 0	2 5 4 4 8 0 0	借	5 7 9 2 0 0
	28	转	85	销售塑料筐100只,发票:03269061	主营业务收入	8 6 0 0 0 0			
					应交税费	1 3 7 6 0 0		借	1 5 7 6 8 0 0

注:本书以负数表示红字金额,以粗黑线表示红线。

(三) 数量金额式明细账示例

库存商品明细分类账

存放地点：成品仓库　　　　　　　　　　　　　　　　　　　　　　　分页　4　总页　　
计量单位：只　　　　　　　　　　　　编号、名称　JK-2 塑料筐

2019年		凭证		摘要	收入			发出			结存		
月	日	种类	号数		数量	单价	金额	数量	单价	金额	数量	单价	金额
5	1			上月结转							1000	64.00	6400000
	4	出库单	01548	销售领用,出库单01123				300	64.00	1920000	700	64.00	4480000
	15	入库单	12011	完工入库,入库单06453	1500	64.00	9600000				2200	64.00	14080000
	20	出库单	01549	销售领用,出库单01124				1300	64.00	8320000	900	64.00	5760000
	28	出库单	01550	销售领用,出库单01125				800	64.00	5120000	100	64.00	640000
	31	入库单	12012	完工入库,入库单06454	1300	64.00	8320000				1400	64.00	8960000
	31			本月发生额及月末余额	2800		17920000	2400		15360000	1400	64.00	8960000

(四) 多栏式明细账示例

1. 不设贷方的多栏式生产成本明细账示例

总页_____ 分页__1__

明细科目：塑料整理箱
生产车间：A生产车间

生产成本明细分类账

投产日期：_____
完工日期：_____
完成产量：_____ 计划工时：_____

2019年		凭证号数	摘要	借方发生额	明细项目			
月	日				原材料	工资及福利费		制造费用
						工资	福利费	
5	1		上月结转	9 600 00	7 200 00	2 400 00		
	4	转8	领料2 000千克，@9.00元/千克	1 800 000	1 800 000			
	16	转58	领料4 100千克，@9.00元/千克	3 690 000	3 690 000			
	30	转121	结算分配工资	2 000 000		2 000 000		
	31	转125	退回多领材料100千克，@9.00元/千克	-9 000 0	-9 000 0			
	31	转126	按工时分配结转制造费用	2 208 000				2 208 000
	31		本月合计	9 608 000	5 400 000	2 000 000		2 208 000
	31		生产费用累计	10 568 000	6 120 000	2 240 000		2 208 000
	31	转127	结转本月完工产品成本	-9 600 000	-5 760 000	-2 000 000		-1 840 000
			月末余额	9 680 00	3 600 00	2 400 00		3 680 00

2. 设贷方的多栏式生产成本明细账示例

生产成本明细分类账

总页 _____　　分页 1

明细科目：塑料整理箱　　　　　　　　　　　　　　　　　　　　　投产日期：_____
生产车间：A 生产车间　　　　　　　　　　　　　　　　　　　　　完工日期：_____
　　　　　　　　　　　　　　　　　　　　　　　　　　　　　　　　完成产量：_____　计划工时：_____

2019年		凭证号数	摘要	借方发生额	借方明细项目			贷方发生额	余额
月	日				原材料	工资及福利费	制造费用		
5	1		上月结转						9 600 00
	4	转8	领料 2 000 千克，@9.00 元/千克	18 000 00	18 000 00				27 600 00
	16	转58	领料 4 100 千克，@9.00 元/千克	36 900 00	36 900 00				64 500 00
	30	转121	结算分配工资	20 000 00		20 000 00			84 500 00
	31	转125	退回多领材料 100 千克，@9.00元/千克	-900 00	-900 00				83 600 00
	31	转126	按工时分配转制造费用	22 080 00			22 080 00		105 680 00
	31	转127	结转本月完工产品成本					96 000 00	9 680 00
	31		本月发生额及月末余额	96 080 00	54 000 00	20 000 00	22 080 00	96 000 00	9 680 00

3. 多栏式管理费用明细账示例

总页_____ 分页___5___

管理费用明细分类账

一级科目 管理费用

2019年 月	日	凭证号数	摘要	借方	贷方	借/贷	余额	工资薪酬	折旧费	修理费	水电费	业务招待费	其他
5	2	银付9	支付公司总部复印机修理费	680 00		借	680 00			680 00			
	15	银付38	支付公司总部用电费	2113 00		借	2793 00				2113 00		
	19	银付55	支付公司总部用水费	540 00		借	3333 00				540 00		
	24	转126	应付业务招待费	2020 00		借	7453 00					4120 00	
	29	转192	结算分配工资	11000 00		借	18453 00	11000 00					
	30	现付64	报销差旅费	1221 00		借	19674 00	1221 00					
	31	转236	计提公司总部固定资产折旧费	1500 00		借	21174 00		1500 00				
		转240	冲销应列入销售费用的产品广告费	-2100 00		借	19074 00						-2100 00
		转241	结转管理费用		19074 00	平	0						
	31		本月发生额及月末余额	19074 00	19074 00	平	0	12221 00	1500 00	680 00	2653 00	2020 00	
			本年累计及期末余额	97600 00	97600 00	平	0	61200 00	7600 00	3500 00	13200 00	12100 00	

(五)平行式明细账示例

分页 4 总页

在 途 物 资 明 细 分 类 账

材料类别: 主要材料
材料名称: 聚乙烯

2019年		凭证号数	发票号数	供应单位	材料名称及规格	计量单位	发票数量	采购成本(借方)			入库成本(贷方)				
								发票金额	运杂费	合计	日期	收料单号数	实收数量	单价	总额
月	日										月 日				
5	1	转2	02934667	和野塑胶有限公司	聚乙烯(PE)	千克	350	4750.00	150.00	4900.00	5 3	01417	350	14.00	4900.00
	12	转36	00089761	信实化工科技有限公司	聚乙烯(PE)	千克	240	3360.00		3360.00	5 14	01419	240	14.00	3360.00
	25	转67	00138411	光明塑胶有限公司	聚乙烯(PE)	千克	500	6800.00	200.00	7000.00	5 26	0424	500	14.00	7000.00
	31	转85	01748725	信实化工科技有限公司	聚乙烯(PE)	千克	200	2800.00		2800.00					

(六) 三栏式总账示例

原材料总分类账

分页 ___3___ 总页 ___

会计科目 ___原材料___
明细科目 ___

2019年		凭证		摘要	对应科目	借方 百十亿千百十万千百十元角分	贷方 百十亿千百十万千百十元角分	借/贷	余额 百十亿千百十万千百十元角分	√
月	日	种类	号数							
5	1			上月结存				借	4 4 0 8 8 4 0 0	
	15	科汇	1			3 3 1 1 4 0 0 0		借	7 7 2 0 2 4 0 0	
	31	科汇	2				1 8 4 1 2 4 0 0	借	5 8 7 9 0 0 0 0	
				本月发生额及月末余额		3 3 1 1 4 0 0 0	1 8 4 1 2 4 0 0	借	5 8 7 9 0 0 0 0	

会计学原理模拟实习(第四版) 93

三、错账更正方法示范

由于本实习过程主要通过手工完成,故难免在记账过程中发生错误,若发现账簿记录错误时,不得使用刮擦、挖补、涂改或修正液等方法更正,应根据错误的具体情况,按照规定方法予以更正。为规范错账更正方法,现将不同的错账更正方法列举如下。

经济业务:5月3日,产品生产领用原材料 60 000 元。

正确编制记账凭证如下:

转 账 凭 证

总号
分号 转16

2019年5月3日

摘 要	产品生产领用原材料					金 额	
借 方 科 目			贷 方 科 目				
一级科目	二级或明细科目	√	一级科目	二级或明细科目	√	千百十万千百十元角分	
生产成本			原材料			6 0 0 0 0 0 0	附件1张
					合 计	¥ 6 0 0 0 0 0 0	

财会主管 张 颖　　记账 刘 利　　复核 张 颖　　制单 刘 利

根据上述正确的记账凭证分别登记生产成本和原材料总分类账,正确的账簿记录如下(见95页)。

在处理这项经济业务时,可能会出现不同的错账。现分别以下四种情况进行错账更正的示范。

1. 如果记账凭证编制正确,而在登记账簿时由于疏忽,使得生产成本总分类账中的金额误登记为 80 000 元。对于这种错账,可直接在生产成本总分类账簿的该项记录中采用划线更正法更正错误记录。该账簿更正内容如下(见96页)。

2. 如果编制记账凭证时会计科目运用正确,只是错误地将金额记为 6 000 元,致使账簿记录跟错,生产成本少记 54 000 元。

错误记账凭证如下(见97页)。

生产成本总分类账

分页 3　总页 ___

会计科目 生产成本
明细科目 ___

2019年		凭证		摘要	对应科目	借方	贷方	借/贷	余额
月	日	种类	号数			百十亿千百十万千百十元角分 ∨	百十亿千百十万千百十元角分 ∨		百十亿千百十万千百十元角分 ∨
5	1			承前页					5 2 0 0 0 0
	3	转	16	产品生产领用原材料	原材料	1 1 2 3 4 0 0			
	31	转	36	分配工资薪酬	应付职工薪酬	6 0 0 0 0 0			
	31	转	37	分配制造费用	制造费用	8 5 0 0 0 0	1 1 0 6 0 0 0		
						6 0 0 0 0 0			

原材料总分类账

分页 4　总页 ___

会计科目 原材料
明细科目 ___

2019年		凭证		摘要	对应科目	借方	贷方	借/贷	余额
月	日	种类	号数			百十亿千百十万千百十元角分 ∨	百十亿千百十万千百十元角分 ∨		百十亿千百十万千百十元角分 ∨
5	1			承前页				借	7 2 0 0 0 0 0
	3	转	16	产品生产领用原材料	生产成本		8 5 0 0 0 0		
							6 3 0 0 0 0		
							6 0 0 0 0 0		

生产成本总分类账

分页 3 总页 ___
会计科目 生产成本
明细科目 ___

2019年		凭证		摘要	对应科目	借方	贷方	借/贷	余额
月	日	种类	号数			百十亿千百十万千百十元角分	百十亿千百十万千百十元角分		百十亿千百十万千百十元角分
5	1	转	3	承前页		1 1 2 3 4 0 0		借	5 2 0 0 0 0 0
		转	16	产品生产领用原材料	原材料	6 0 0 0 0 0 0			
		转	36	分配工资薪酬	应付职工薪酬	8 5 0 0 0 0	张颖		
		转	37	分配制造费用	制造费用	6 0 0 0 0 0	1 1 0 6 0 0 0		
	31								
	31								

转 账 凭 证

2019年5月3日

总号：
分号：转16

摘要 产品生产领用原材料						
借方科目			贷方科目			金　　额
一级科目	二级或明细科目	√	一级科目	二级或明细科目	√	千百十万千百十元角分
生产成本			原材料			6 0 0 0 0 0
			合		计	￥6 0 0 0 0 0

附件 1 张

财会主管 张颖　　记账 刘利　　复核 张颖　　制单 刘利

对于这种错账，可采用补充登记法，即另外编制记账凭证弥补少记金额。更正用记账凭证、账簿的原记录及根据更正记账凭证登记后的记录如下：

转 账 凭 证

2019年5月31日

总号：
分号：转42

摘要 更正转16错误						
借方科目			贷方科目			金　　额
一级科目	二级或明细科目	√	一级科目	二级或明细科目	√	千百十万千百十元角分
生产成本			原材料			5 4 0 0 0 0 0
			合		计	￥5 4 0 0 0 0 0

附件 张

财会主管 张颖　　记账 刘利　　复核 张颖　　制单 刘利

生产成本总分类账

分页 3　总页　会计科目 生产成本　明细科目

2019年		凭证		摘要	对应科目	借方	贷方	借/贷	余额
月	日	种类	号数			百十亿千百十万千百十元角分	百十亿千百十万千百十元角分		百十亿千百十万千百十元角分
5	1			承前页				借	5 2 0 0 0 0 0
	3	转	16	产品生产领用原材料	原材料	1 2 3 4 0 0 0 0			1 1 0 6 0 0 0
	31	转	36	分配工资薪酬	应付职工薪酬	6 0 0 0 0 0 0			
	31	转	37	分配制造费用	制造费用	8 5 0 0 0 0 0			
	31	转	42	更正转 16 错账	原材料	5 4 0 0 0 0			

原材料总分类账

分页 4　总页　会计科目 原材料　明细科目

2019年		凭证		摘要	对应科目	借方	贷方	借/贷	余额
月	日	种类	号数			百十亿千百十万千百十元角分	百十亿千百十万千百十元角分		百十亿千百十万千百十元角分
5	1			承前页				借	7 2 0 0 0 0 0
	3	转	16	产品生产领用原材料	生产成本		6 3 0 0 0 0		
	10	转	20	原材料验收入库	在途物资	8 5 0 0 0 0	6 0 0 0 0 0		
	15	转	30	产品生产领用原材料	生产成本	7 6 0 0 0 0	1 4 2 0 0 0 0 0		
	31	转	42	更正转 16 错账	生产成本		5 4 0 0 0 0		

3. 如果编制记账凭证时会计科目运用正确,只是错误地将金额记为 69 000 元,致使账簿记录跟错,生产成本多记 9 000 元。

错误记账凭证如下:

转 账 凭 证

2019 年 5 月 3 日

总 号	
分 号	转 16

摘 要 产品生产领用原材料							金 额	
借 方 科 目			贷 方 科 目					
一级科目	二级或明细科目	√	一级科目	二级或明细科目	√	千百十万千百十元角分		附件1张
生产成本			原材料			6 9 0 0 0 0 0		
					合 计	¥ 6 9 0 0 0 0 0		

财会主管 张 颖　　记账 刘 利　　复核 张 颖　　制单 刘 利

对于这种错账,可采用红字更正法,即另外编制红字记账凭证,将多记的金额予以冲销。更正用记账凭证、账簿的原记录及根据更正记账凭证登记后的记录如下:

转 账 凭 证

2019 年 5 月 31 日

总 号	
分 号	转 42

摘 要 更正转 16 错账							金 额	
借 方 科 目			贷 方 科 目					
一级科目	二级或明细科目	√	一级科目	二级或明细科目	√	千百十万千百十元角分		附件张
生产成本			原材料			− 9 0 0 0 0 0		
					合 计	¥ − 9 0 0 0 0 0		

财会主管 张 颖　　记账 刘 利　　复核 张 颖　　制单 刘 利

生产成本总分类账

会计科目 生产成本
分页 3 总页 _____

2019年		凭证		摘要	对应科目	借方	贷方	借/贷	余额
月	日	种类	号数			百十亿千百十万千百十元角分	百十亿千百十万千百十元角分		百十亿千百十万千百十元角分
5	1			承前页				借	5 2 0 0 0 0 0
	3	转	16	产品生产领用原材料	原材料	1 1 2 3 4 0 0			
	31	转	36	分配工资薪酬	应付职工薪酬	6 9 0 0 0 0			
	31	转	37	分配制造费用	制造费用	8 5 0 0 0 0			
	31	转	42	更正转 16 错账	原材料	6 0 0 0 0			
	31					− 9 0 0 0 0	1 1 0 6 0 0 0		

原材料总分类账

会计科目 原材料
分页 4 总页 _____

2019年		凭证		摘要	对应科目	借方	贷方	借/贷	余额
月	日	种类	号数			百十亿千百十万千百十元角分	百十亿千百十万千百十元角分		百十亿千百十万千百十元角分
5	1			承前页				借	7 2 0 0 0 0 0
	3	转	16	产品生产领用原材料	生产成本		8 5 0 0 0 0		
	10	转	20	原材料验收入库	在途物资	7 6 0 0 0 0			
	15	转	30	产品生产领用原材料	生产成本		6 9 0 0 0 0	6 3 0 0 0 0 0	
	31	转	42	更正转 16 错账	生产成本			1 4 2 0 0 0 0	
								− 9 0 0 0 0	

4. 如果编制记账凭证时会计科目运用错误,而致使账簿记录跟错。

错误记账凭证如下：

对于这种错账,必须采用红字更正法,即先编制一张红字记账凭证将原错误的记账凭证内容全部冲销,然后再根据经济业务重新用蓝(黑)字编制正确的记账凭证。两张更正用记账凭证、账簿的原记录及根据更正记账凭证登记后的记录如下：

生产成本总分类账

分页 3　总页 ___

会计科目 生产成本
明细科目 ___

2019年		凭证		摘要	对应科目	借方	贷方	借/贷	余额
月	日	种类	号数			百十亿千百十万千百十元角分	百十亿千百十万千百十元角分		百十亿千百十万千百十元角分
5	1			承前页				借	5 2 0 0 0 0 0
	3	转	16	产品生产领用原材料	在途物资	1 1 2 3 4 0 0			
	31	转	36	分配工资薪酬	应付职工薪酬	6 0 0 0 0 0			
	31	转	37	分配制造费用	制造费用	8 5 0 0 0 0			
	31	转	42	更正转16错账	在途物资	- 6 0 0 0 0 0			
	31	转	43	更正转16错账	原材料	6 0 0 0 0 0			1 1 0 6 0 0 0

在途物资总分类账

分页 5　总页 ___

会计科目 在途物资
明细科目 ___

2019年		凭证		摘要	对应科目	借方	贷方	借/贷	余额
月	日	种类	号数			百十亿千百十万千百十元角分	百十亿千百十万千百十元角分		百十亿千百十万千百十元角分
5	1			承前页				借	1 2 0 0 0 0 0
	3	转	16	产品生产领用原材料	生产成本		8 5 0 0 0 0		
	5	转	18	上月在途材料验收入库	原材料		6 0 0 0 0 0		
	12	银付	34	购买原材料，款已付	银行存款	9 2 0 0 0 0			
	31	转	42	更正转16错账	生产成本		- 6 0 0 0 0 0		1 2 0 0 0 0 0

原材料总分类账

分页 4 总页

会计科目 原材料
明细科目

2019年		凭证		摘要	对应科目	借方	贷方	借/贷	余额
月	日	种类	号数			百十亿千百十万千百十元角分	百十亿千百十万千百十元角分		百十亿千百十万千百十元角分
5	1			承前页				借	7 2 0 0 0 0 0 0
	10	转	20	原材料验收入库	在途物资	8 5 0 0 0 0			
	15	转	30	产品生产领用原材料	生产成本		6 3 0 0 0 0		
	31	转	43	更正转16错账	生产成本	7 6 0 0 0 0			
							1 4 2 0 0 0 0		
							6 0 0 0 0 0		

四、编制会计报表的依据及方法示范

本会计核算程序中,资产负债表项目可以根据有关总分类账和明细分类账期末余额经分析计算后填列;利润表项目可以根据损益类账户本期发生额填列;现金流量表项目可以根据科目汇总表上各科目本期借、贷方发生额经分析计算后填列,具体分析说明如下:

现金流量表编制说明

现金流量表项目	科目汇总表 借方发生额	会计科目	科目汇总表 贷方发生额	现金流量表项目
		应收账款	→	销售商品、提供劳务收到的现金
支付其他与经营活动有关的现金	←	其他应收款		
购买商品、接受劳务支付的现金	←	在途物资,制造费用,管理费用		
购建固定资产、无形资产和其他长期资产支付的现金	←	固定资产		
偿还债务支付的现金	←	短期借款	→	取得借款收到的现金
支付给职工的以及为职工支付的现金	←	应付职工薪酬		
购买商品、接受劳务支付的现金	←	应交税费——应交增值税(进项税额)		
		应交税费——应交增值税(销项税额)	→	销售商品、提供劳务收到的现金
支付的各项税费	←	应交税费——应交所得税		
支付其他与经营活动有关的现金	←	制造费用		
		主营业务收入	→	销售商品、提供劳务收到的现金
支付其他与经营活动有关的现金	←	销售费用		
支付其他与经营活动有关的现金	←	管理费用		
分配股利、利润或偿付利息支付的现金	←	财务费用		
		实收资本	→	吸收投资收到的现金
		库存现金 银行存款	→	现金及现金等价物净增加额

第四部分　实习参考答案

一、2019年1月各项经济业务的会计分录

(1) 借：银行存款　　　　　　　　　　　　　　　　　　　　　　60 000
　　　贷：实收资本　　　　　　　　　　　　　　　　　　　　　　　　60 000

(2) 借：在途物资(或材料采购)——聚丙烯(PP)　　　　　　　　40 500
　　　　　　　　　　　　　　　——聚乙烯(PE)　　　　　　　　25 200
　　　　应交税费——应交增值税(进项税额)　　　　　　　　　　10 512
　　　贷：银行存款　　　　　　　　　　　　　　　　　　　　　　　　76 212
　　借：原材料——聚丙烯(PP)　　　　　　　　　　　　　　　　40 500
　　　　　　——聚乙烯(PE)　　　　　　　　　　　　　　　　　25 200
　　　贷：在途物资(或材料采购)——聚丙烯(PP)　　　　　　　　　　40 500
　　　　　　　　　　　　　　　——聚乙烯(PE)　　　　　　　　　　25 200

(3) 借：生产成本——JL-1　　　　　　　　　　　　　　　　　36 000
　　　贷：原材料——PP　　　　　　　　　　　　　　　　　　　　　36 000

(4) 借：其他应收款——魏晓　　　　　　　　　　　　　　　　　　600
　　　贷：库存现金　　　　　　　　　　　　　　　　　　　　　　　　　600

(5) 借：应收账款——禾润百货公司　　　　　　　　　　　　　164 256
　　　贷：主营业务收入　　　　　　　　　　　　　　　　　　　　　141 600
　　　　　应交税费——应交增值税(销项税额)　　　　　　　　　　　22 656

(6) 借：固定资产　　　　　　　　　　　　　　　　　　　　　17 200
　　　贷：银行存款　　　　　　　　　　　　　　　　　　　　　　　17 200

(7) 借：管理费用　　　　　　　　　　　　　　　　　　　　　　　600
　　　贷：其他应收款——魏晓　　　　　　　　　　　　　　　　　　　600
　　借：管理费用　　　　　　　　　　　　　　　　　　　　　　　　21
　　　贷：库存现金　　　　　　　　　　　　　　　　　　　　　　　　　21

(8) 借：生产成本——JL-1　　　　　　　　　　　　　　　　　1 099
　　　　　　　　——JK-2　　　　　　　　　　　　　　　　　　628
　　　　制造费用——其他　　　　　　　　　　　　　　　　　　　150
　　　　管理费用——其他　　　　　　　　　　　　　　　　　　　100
　　　贷：原材料——着色剂　　　　　　　　　　　　　　　　　　　1 727
　　　　　　　——其他辅料　　　　　　　　　　　　　　　　　　　　250

(9) 借：库存现金　　　　　　　　　　　　　　　　　　　　　　2 000
　　　贷：银行存款　　　　　　　　　　　　　　　　　　　　　　　2 000

(10) 借：在途物资（或材料采购）——聚丙烯(PP)   44 500
         ——聚乙烯(PE)   62 550
   应交税费——应交增值税（进项税额）   17 128
  贷：应付账款——信实化工   124 178
  借：在途物资（或材料采购）——聚丙烯(PP)   500
         ——聚乙烯(PE)   450
  贷：库存现金   950
  借：原材料——聚丙烯(PP)   45 000
     ——聚乙烯(PE)   63 000
  贷：在途物资（或材料采购）——聚丙烯(PP)   45 000
         ——聚乙烯(PE)   63 000

(11) 借：库存现金   64 730
  贷：银行存款   64 730
  借：应付职工薪酬   64 730
  贷：库存现金   64 730

(12) 借：应交税费——应交所得税   21 384
  贷：银行存款   21 384

(13) 借：生产成本——JL-1   54 000
  贷：原材料——PP   54 000

(14) 借：银行存款   80 000
  贷：应收账款——南方百货公司   80 000

(15) 借：制造费用——水电费   7 136
   管理费用——水电费   1 784
   应交税费——应交增值税（进项税额）   1 427.20
  贷：银行存款   10 347.20

(16) 借：销售费用   3 450
  贷：银行存款   3 450

(17) 借：管理费用   614.30
  贷：库存现金   614.30

(18) 借：财务费用   982
   短期借款   110 000
  贷：银行存款   110 982

(19) 借：银行存款   169 360
  贷：主营业务收入   146 000
    应交税费——应交增值税（销项税额）   23 360

(20) 借：待处理财产损溢   450
  贷：原材料——聚丙烯(PP)   450

(21) 借：银行存款   50 000
  贷：短期借款   50 000

(22) 借：制造费用——其他   4 017
      贷：银行存款   4 017

(23) 借：管理费用   450
      贷：待处理财产损溢   450

(24) 借：生产成本——JK-2   83 328
      贷：原材料——PE   83 328

(25) 借：生产成本——整理箱JL-1   21 570
           ——塑料筐JK-2   27 150
      制造费用——工资薪酬   8 500
      管理费用——工资薪酬   11 000
      贷：应付职工薪酬   68 220

(26) 借：制造费用   2 933.00
      管理费用   890.70
      贷：累计折旧   3 823.70

(27) 借：生产成本——JL-1（1 438×22 736÷3 248）   10 066
           ——JK-2   12 670
      贷：制造费用   22 736

(28) 借：库存商品——JL-1   124 800
           ——JK-2   123 776
      贷：生产成本——JL-1   124 800
           ——JK-2   123 776

(29) 借：主营业务成本   222 400
      贷：库存商品——JK-1   120 000
           ——JK-2   102 400

(30) 借：财务费用   1 200
      贷：应付利息   1 200

(31) 借：本年利润   243 492
      贷：主营业务成本   222 400
         管理费用   15 460
         销售费用   3 450
         财务费用   2 182
    借：主营业务收入   287 600
      贷：本年利润   287 600

(32) 借：所得税费用   11 027
      贷：应交税费——应交所得税   11 027
    借：本年利润   11 027
      贷：所得税费用   11 027

二、2019年1月末各账户余额

库存现金	739.70	短期借款	340 000
银行存款	404 342.33	应付账款	280 068
应收账款	282 121	应付职工薪酬	68 220
其他应收款	7 200	应交税费	26 099.74
在途物资(或材料采购)	0	应付利息	1 200
原材料	41 845	实收资本	560 000
库存商品	256 576	资本公积	51 600
固定资产	716 520	盈余公积	127 255.20
累计折旧	(贷)103 708.70	本年利润	33 081
待处理财产损溢	0	利润分配	118 111.39
生产成本	0		

注：制造费用账户和损益类账户的余额均为0。

三、2019年1月财务报表部分项目金额

1. 资产负债表部分项目金额：

（1）货币资金	405 082.03
（2）存货	298 421
（3）应收票据及应收账款	284 121
（4）流动资产合计	994 824.03
（5）资产总额(或权益总额)	1 607 635.33
（6）应付票据及应付账款	280 068
（7）预收款项	2 000
（8）应交税费	26 099.74
（9）其他应付款	1 200
（10）流动负债合计	717 587.74
（11）未分配利润	151 192.39
（12）所有者权益合计	890 047.59

2. 利润表部分项目金额：

（1）营业收入	287 600
（2）营业成本	222 400
（3）销售费用	3 450
（4）管理费用	15 460
（5）财务费用(均为利息费用)	2 182
（6）营业利润	44 108
（7）所得税费用	11 027

（8）净利润　　　　　　　　　　　　　　　　　　　　　　　　33 081

3. 现金流量表部分项目金额：

（1）销售商品、提供劳务收到的现金　　　　　　　　　　　　249 360
（2）购买商品、接受劳务支付的现金（包括支付的水电费）　　87 509.20
（3）支付给职工以及为职工支付的现金　　　　　　　　　　　64 730
（4）支付的各项税费　　　　　　　　　　　　　　　　　　　21 384
（5）支付其他与经营活动有关的现金（包括支付的广告费、修理费、差旅费及
　　业务招待费）　　　　　　　　　　　　　　　　　　　　8 702.30
（6）经营活动产生的现金流量净额　　　　　　　　　　　　　67 034.50
（7）购建固定资产、无形资产和其他长期资产支付的现金　　　17 200
（8）投资活动产生的现金流量净额　　　　　　　　　　　　　－17 200
（9）吸收投资收到的现金　　　　　　　　　　　　　　　　　60 000
（10）取得借款收到的现金　　　　　　　　　　　　　　　　 50 000
（11）偿还债务支付的现金　　　　　　　　　　　　　　　　 110 000
（12）分配股利、利润或偿付利息支付的现金　　　　　　　　 982
（13）筹资活动产生的现金流量净额　　　　　　　　　　　　 －982
（14）现金及现金等价物净增加额　　　　　　　　　　　　　 48 852.50

附录 各式记账凭证、账页的样张及需要配备的数量(包括备用数)

(一) 收款凭证5张

收　款　凭　证

总号	
分号	

借方科目 _____　　　年　月　日　　　　　　　　附件　　张

摘　要	应　贷　科　目		过账	金　额
	一级科目	二级及明细科目		亿千百十万千百十元角分
	合计			

财会主管　　　　记账　　　　出纳　　　　复核　　　　制单

上海立信会计用品总公司出品　编号 110-30

(二) 付款凭证15张

付　款　凭　证

总号	
分号	

贷方科目 _____　　　年　月　日　　　　　　　　附件　　张

摘　要	应　借　科　目		过账	金　额
	一级科目	二级及明细科目		亿千百十万千百十元角分
	合计			

财会主管　　　记账　　　出纳　　　复核　　　制单　　　领款人签章

上海立信会计用品总公司出品　编号 120-30

(三)转账凭证25张

转 账 凭 证

总号
分号

年　月　日　　　　　　　　　　　　　　　　　　附件　　　张

摘　要	一级科目	二级及明细科目	过账	借方金额 亿千百十万千百十元角分	贷方金额 亿千百十万千百十元角分
		合　计			

财会主管　　　　　　　　复核　　　　　　　　记账　　　　　　　　制单

上海立信会计用品总公司出品　编号　138－30

(四)记账凭证封面及封底3套

凭 证 封 面

年　月份　　　　　　　　　　　　　　　　　　　编号

单 位 名 称	
凭 证 名 称	
册　　　数	第　　　　　　册共　　　　　　册
起 讫 编 号	自第　　　　　号至第　　　　　号
起 讫 日 期	自　　年　　月　　日至　　月　　日

主管　　　　　装订

抽 出 单 据 记 录

抽出日期			抽出单据名称	张数	抽出单据理由	抽取人签章	财会主管签章	附　注
年	月	日						

会计学原理模拟实习(第四版)

（五）账簿启用及接交表 3 张

账 簿 启 用 及 接 交 表

单位名称		印　鉴	
账簿名称	（第　　册）		
账簿编号			
账簿页数	本账簿共计　　页（本账簿页数 检点人盖章　　　）		
启用日期	公元　　年　月　日		

经管人员	负责人		主办会计		复核		记账	
	姓名	盖章	姓名	盖章	姓名	盖章	姓名	盖章

接交记录	经管人员		接管			交出		
	职别	姓名	年	月	日	盖章	年	月	日	盖章

备注	

目 录

编号	科目	页码	编号	科目	页码	编号	科目	页码

(六) 日记账账页 2 张

年		凭证号数	对方科目	摘要	总页	收入（借方）										付出（贷方）										结存									
月	日					千	百	十	万	千	百	十	元	角	分	千	百	十	万	千	百	十	元	角	分	千	百	十	万	千	百	十	元	角	分

(七) 三栏式账页 32 张

(八)平行式在途物资(材料采购)明细分类账账页 2 张

在 途 物 资 明 细 分 类 账

分页_____总页_____

材料类别：_____

材料名称：_____

年	凭证号数	发票号数	供应单位	材料名称及规格	计量单位	发票数量	采购成本(借方)			入库成本(贷方)				
月 日							发票金额	运杂费	合计	日期 月 日	收料单号数	实收数量	单价	总额
							千百十万千百十元角分	千百十万千百十元角分	千百十万千百十元角分					千百十万千百十元角分

在 途 物 资 明 细 分 类 账

分页 _____ 总页 _____

材料类别：................

材料名称：................

年		凭证号数	发票号数	供应单位	材料名称及规格	计量单位	发票数量	采购成本（借方）							入库成本（贷方）				
月	日							发票金额		运杂费				合计	日期 月 日	收料单号数	实收数量	单价	总额
								千百十万千百十元角分		十万千百十元角分				千百十万千百十元角分					千百十万千百十元角分

(九) 数量金额式原材料明细分类账账页 2 张

最高存量　　　　　　　储备天数　　　　　　　存放地点　　　　　　　计量单位　　　　　　　规格　　　　　　　编号、名称　　　　　　　类别
最低存量

分页　　　　总页

年		凭证		摘要	收入			发出			结存		
月	日	种类	号数		数量	单价	金额 千百十万千百十元角分	数量	单价	金额 千百十万千百十元角分	数量	单价	金额 千百十万千百十元角分

(十) 多栏式(8栏)生产成本明细分类账账页 2 张

生产成本明细分类账

分页_____ 总页_____

订货单位：_____ 生产车间：_____
投产日期：___年___月___日 完工日期：___年___月___日
完成产量：_____ 计划工时：_____ 实际工时：_____

生产批号：_____ 明细科目：_____
数量：_____ 规格：_____
产品/部门名称：_____

年	凭证	摘要	借方发生额	明细项目								
月 日	号数		亿千百十万千百十元角分	直接材料	直接人工	制造费用	合计				

(十一) 多栏式(7栏)制造费用、管理费用明细分类账账页 3 张

总页＿＿＿＿ 分页＿＿＿＿

＿＿＿＿级科目＿＿＿＿
＿＿＿＿级科目＿＿＿＿

年		凭证号数	摘要	借方	贷方	借/贷	余额	（　）方　金　额　分　析						
月	日			千百十万千百十元角分	千百十万千百十元角分		千百十万千百十元角分	千百十万千百十元角分	千百十万千百十元角分	千百十万千百十元角分	千百十万千百十元角分	千百十万千百十元角分	千百十万千百十元角分	千百十万千百十元角分

(十二) 多栏式应交增值税明细分类账账页 1 张

应交税费——应交增值税明细分类账

总页_____ 分页_____

明细科目：应交增值税

年		凭证		摘要	借方			贷方			借/贷	余额
月	日	种类	号数		进项税额			销项税额				

(十三) 科目汇总表 1 张

科目汇总表

年 月 日至 月 日

编号：

凭证号数		
现收	自第 号至	号止
现付	自第 号至	号止
银收	自第 号至	号止
银付	自第 号至	号止
转账	自第 号至	号止

总页	会计科目	借方金额 千百十万千百十元角分	贷方金额 千百十万千百十元角分
	合 计		

总页	会计科目	借方金额 千百十万千百十元角分	贷方金额 千百十万千百十元角分
	合 计		

财会主管　　　　记账　　　　复核　　　　制表